新・だれも書かなかった「部落」

寺園敦史

宝島社新書

はしがき——同和事業と解放運動が生み出したもの

「そもそも部落って何ですか。なぜ部落の生まれという理由で差別を受けるのですか」

私は同和行政と部落解放運動の取材をはじめて、せいぜい一〇年あまりにしかならないが、読者からしばしばこんな質問を受けることがある。この問いに、的確に答えるのは容易なことではない。

同和対策事業特別措置法（同特法）第一条では、事業実施の対象地域（部落）を「歴史的社会的理由により生活環境等の安定向上が阻害されている地域」と規定しているだけだ。これではなんのことかさっぱりわからない。研究者は部落のことを「近世の封建的身分制の最下位におかれていた賤民《せんみん》のなかで、主としてもっとも主要な部分を占めていた『エタ』を直接の先祖とし、近代以後もなお旧身分の残滓《ざんし》に苦しめられてきた人々が集中的に居住している地域（『部落問題用語解説〔改訂増補版〕』兵庫部落問題研究所、一九九五年）と定義してきた。この理解は現在も一般的なものであろう。

しかし、これにはかなり無理がある。現実の「部落」と呼ばれる地域には、「『エタ』を直接の先祖」とする「部落民」（行政用語で「同和関係者」）以外も多数居住しており、そういった人たちのほうが住民の多数派という地区のほうが多いだろう。というより、自分が本当に「『エタ』を直接の先祖」としているのかを証明できる人なんて、きわめて限られているはずだ。「『エタ』を直接の先祖」とするかしないかにかかわらず、そこに住んでいるというだけで周囲からは「部落民」と認識されているケースなど山ほどある。

いや、それ以前の問題として、あたかも「民族」や「部族」のように、特定の血統を根拠に、誰が部落民かなどと規定するとらえ方自体に、大きな問題がある。また、現実の社会のしくみの中で生じたはずの差別の理由を、数百年前の身分制度に求めるのは逆立ちした論理であろう。部落問題は近現代の日本社会が抱える社会問題であり、江戸時代の問題ではないのである（この点については、畑中敏之『「部落史」の終わり』『身分・差別・アイデンティティ』いずれも、かもがわ出版刊参照）。

冒頭の問いを私にしてくるのは、部落問題に接する機会が少ないと思われる東日本に住む人ばかりではない。かなりの数の部落が存在しているはずの府県に住んでいながら、部落や部落差別を体感的にイメージできない人たちもめずらしくない。

一昔前なら、「部落のことを知らず、無関心であることは、差別に加担することになる」などともっともらしく言われていたが、いま現在、その理屈の妥当性はかなり薄れてきているだろう。部落差別の実態が、社会問題としての深刻性をもはや持ち得ていないという現実が、この疑問の背景にあると、取材を通して、私自身は実感している。

部落差別がこの社会からなくなったというわけではない。また、社会問題としての深刻性は薄れたとはいえ、それはあくまで相対的なもので、人によっては自らの出自にかかわって深刻に悩んでいる現実も今なおあるに違いない（こういった人々へのケアこそ、運動の役割だと思うのだが、実際には運動体はいまだ行政に責任を押しつけるばかりだ）。だが、社会全体としてみた場合、たとえば全国的に同和対策事業が行なわれる契機となる同特法が施行された一九六九年当時と比べて部落問題は大きく解消しているという点では、運動団体の違いにかかわらず、同意できるはずである。

部落の環境や住民の経済状況、教育状況はこの半世紀、格段に改善し、部落差別自体もかなりの面で解消された。だが一見奇妙な現象だが、これまで部落問題の解決に取り組んできた行政や部落解放運動団体に対する市民の目には、冷ややかなものがある。本書の舞台となる京都市をはじめとして、同和対策事業や部落解放運動が強力に取り組まれてきた自治体ほど、その傾向が強いのではないか。

部落差別は不当である。だが、行政と運動団体のやっていることには納得がいかない——部落問題が解決に向かったというのに、問題解決の中核を担ってきたはずの両者への不信や反発が強く残されてしまったのは、いったいどうしたことか。

これまで行政や運動団体は、市民のこのような冷ややかな視線を、「同和行政に対する無理解」「部落に対するねたみ意識だ」と断じ、耳を傾けることは少なかったし、説明責任を果たすなんてことはさらにまれだった。場合によっては、「これこそが部落に対する差別意識の表れだ」として、さらなる事業拡充の根拠とさえされてきた。私は、この批判を受け入れない体制・体質こそが今日、部落問題の解決をややこしくしている主因の一つではないか、と考えている。

冷ややかな視線をおくる人々の中には、従来の差別意識を持つ人もいるかもしれない。しかし、そういう人たちばかりだとはけっしていえないのだ。

たとえば、世帯の経済状況にかかわりなく、ただ「同和関係者」だということを唯一の理由に、金額に換算して月一〇万円以上もの公金を受給することができる個人給付制度。解放運動団体の推薦があれば、京都市職員になれる同和「選考採用」制度。運動団体が実施する温泉旅行や慰安旅行にも、数十万円から数百万円の公金が支給される同和補助金制度。運動団体に所属する市職員が勤務時間中でも団体の組織活動に従事でき、その時間の給料がカットされることもない同和職免制度……。

これらは非公式に行なわれていたものではなく、京都市が市の同和問題の解決のための事業として公然と掲げて行なわれてきた制度だった。この事実を知れば、たいていの市民が「なんで部落だけ優遇されるのか」と疑問を抱くのも当然であろう。「ねたみ」でも「差別意識」でもない。行政も運動も、この疑問に今もなお、答えることはない。

同和対策事業と部落解放運動が、部落問題の解決に寄与してきたことは間違いない。だがいつの時代においてもそうだとはいえない。京都市の場合、一部の地区をのぞいて一九七〇年代後半には、部落の実態は大きく改善されたといわれているが、それ以後も従来どおり、というよりはむしろ、事業はより拡充されて継続した。この一九八〇年代以降の同和対策事業と解放運動は、部落問題と地区住民にどんな影響を及ぼしたのか。本当に差別の解消に寄与してきたといえるのか。これが本書での私の問題意識の中心だ。

これは取材を進めていくにしたがって実感したことだが、私の問題意識を検証するには、京都市はきわめて重要な自治体だった。まず何よりも「歴史と伝統」である。戦前からの同和行政と解放運動の輝かしい歴史を有する。とくに一九五一年のオールロマンス闘争(京都市職員が執筆した小説を差別小説だとして当時の運動団体は京都市を糾弾、同和対策事業の拡大を実現した)以後、部落の低位な生活実態こそが差別であり、人々の差別意識はその反映である。そして低位な実態を放置した行政は差別行政であり、実態の改善は行政の責務である、として取り組まれた戦後の同和対策事業と部落解放運動の闘争スタイルは、京都市から生まれその後全国に波及していった。その京都市でいま事業と運動はどんな実態にあるのか。

第二に、京都市では一九八〇年代以降もきわめて充実した同和対策事業が継続されていた。中には前記のような、関係者が言うところの「ねたみ意識」をかき立てる制度も多数存在しており、事業と運動の問題点を知るにはうってつけのところなのである。

同和対策事業批判は、数少ないもののいくつかのメディアによってなされることは過去にもあった。それらは政治的立場、運動団体の立場から、立場を異にする陣営への批判といった性格が強かった。この批判自体の意義を私も否定するつもりはない。ある時期においては効果的だったこともあったと思っている。しかし、運動団体間の論争だけでは、浮かび上がってこない問題点もあるのではないか。「不公正・乱脈」という批判の対象となる同和対策事業を実際に受けている部落の人たち、とくに差別体験をほとんどもたないと思われる若い人たちは、いったいどう受け止めているのだろうか。そういう人たちから見た同和対策事業と解放運動の意味を取材を通して考えてみたい。

二〇〇二年三月末、「地対財特法」が完全失効し、三三年間続いた同和対策事業特別法体制が終結を迎えた（京都市では一九五二年より本格的な事業が開始されているのでほぼ半世紀ぶり）。この間全国で投入された予算は一五兆円をはるかに超える。これまで国と地方自治体が特別の予算をつけ、「同和問題の解決」のため、さまざまな事業を実施してきたが、財政的裏付けがなくなったのである。

こうなると行政とは冷たいもので、スピードの差はあるものの一部の自治体をのぞいていっせいに同和行政は終結に向かった。京都市においても同様で、「同和」を特別扱いする事業は、法失効とともにほとんど姿を消した。本書で言及した事業、たとえば個人給付制度や同和「選考採用」制度なども もう廃止された。

だが、表向きの「同和」対策事業が終結することで、自動的にこれまでの行政内部の矛盾も氷解するわけではない。法失効後の二〇〇二年一一月、市が同和関係団体に毎年数千万円単位で交付してきた「同和補助金」が、じつは団体に対する裏金であったことが発覚した(『「同和」中毒都市』講談社＋α文庫)。市民の目が届かないところで、行政と運動団体が連携して長期にわたって行なってきた事業だ。いまだ明るみに出ていない「膿《うみ》」が存在している可能性は少なくない。事業と運動が地区住民に与えた弊害、行政と運動団体との不正常な関係など、本書で指摘した問題点の数々も、いまだ解決に至っていない。

本書は部落問題の概説書でも入門書でもない。「部落・部落民とは何か」という根底的な問いに答えるものでもない。過去の部落の実態の深刻な様子や部落解放運動のすばらしさをうたいあげる内容では、さらにない。これらのテーマについては、すでに数多くの本が刊行されている。差別をなくすために行なわれてきた同和事業や運動が今、どんな問題に直面しているのか。それらは社会にどんな影響を与えているのかについてのレポートである。部落問題の一側面にしかすぎないが、今日の部落問題を考える際、あるいはこれまでの行政と運動を総括する際、避けて通ることができない課題を扱っている(現実にはこの課題を避けた議論がされることが多いのだが)。

同時にこの課題は、たんに部落問題にとどまらず、その他のマイノリティの運動やその施策においても、重要な意味を持ち得るものだと思っている。

二〇〇五年三月

寺園敦史

＊本文中の人名には一部仮名を使用しています。また年齢、肩書き、団体名などは取材当時（第一～四章は一九九四～一九九七年、第五章は二〇〇六～二〇〇九年）のものです。

＊本書は二〇〇五年四月に講談社から刊行された『だれも書かなかった「部落」』（講談社＋α文庫）を大幅に改訂したものです。詳細は本書「新書版あとがき」を参照ください。

目次

はしがき　――同和事業と解放運動が生み出したもの　3

第一章　「部落であること」の強制

Ⅰ　自立――「同和漬け」からの脱出　18
個人施策がここまで　19
「施策」からの脱出　23
「差別を商う行為」　28
「京都」という問題　30

Ⅱ　逆行――同和行政の常識と非常識　33
例をみない京都市の同和行政　36
ある家賃適正化の取り組み　37
全解連の決断――神戸　40

Ⅲ　特権――輝きを取りもどせるか　43
割り切れない感情　44
解放運動の輝きは　47
レッテルを剝がす試み　49

Ⅳ　逡巡――誰が「依存」を強制しているのか　53
施策返上へのためらい　54
依存の強制　57
行政が掘り続ける溝　59
「職免」の返上　60
自立の決定は住民で　63

第二章　犯罪・不祥事を生み出すシステム

Ⅰ　採用――運動が「堕落」するとき　66
なぜこの人物が採用されたのか　68
「同和雇用者」事件ファイル　70
不祥事の背景に「選考採用」が　76
新しい「部落産業」　77
Ⅱ　崩壊――ジャンキー公務員　81
無断欠勤・行方不明、勤務中にパチンコ店でアルバイト　81
「選考採用」者事件ファイル97／98　83
幻覚に見舞われて働く　91
「職場崩壊」　94
Ⅲ　腐敗――京都市役所の「闇」と「病み」　96

運動団体からみた選考採用 96
地区住民が要望しているのか 100
「選考採用」という差別 102

第三章 「同和」の錬金術

Ⅰ 脱税——潤沢な運動の資金源 106
解放運動の資金源 106
申告書を見て愕然 109
「京企連を通すと半額でいけますよ」 111
但し書きは「同和運動へのカンパ」 113
京企連のはずが右翼団体に 114
「脱税」目当てに同盟加入 116
なぜ問題にならない？ 京企連の脱税工作 117
「カンパ」の使い途 119
追及の急先鋒・野中広務議員 122
なぜ存在を否定するのか 125
Ⅱ 詐取——食いものにされた事業と運動 128
「毎日、氏神様に祈っていた」 128
市職員による三億円奪取 129
「おれが法律だ。よけいな心配はいらん」 132

運動団体に渡った裏金 134
解同幹部のマイホーム購入資金 136
失われた自浄能力 138

III 饗宴——同和対策室の帳簿 142
天皇の逝く国で 142
つかみ金 144
同和対策の手法 148
接待隠しの事情 150

IV 沈黙——啓発のあとに残ったもの 165
「差別者」の里？ 165
右往左往 168
誰が「差別落書き」を生み出したか 171
解放運動の友人 174

第四章 「全国最悪」を語る

I 本音——96京都市長選にて 180
風穴 181
政争の具 182
団体補助金 183
「丸がかえ」の運動なのか 185

「部落民」再生産　187
融合の条件　189
Ⅱ　信頼――「同和」からの解放・神戸　191
二つの到達段階　191
「やっぱり同和か……」　193
いつまで「部落民」でいるのか　195
自由な論議と監視　197
Ⅲ　監視――行政と運動の歴史が意味するもの　199
荒廃する職場　199
「全体の奉仕者」の放棄　201
主体性以前の問題　203
部落問題を語る「立場」　204

第五章　何も解決しない「差別への怯え」

Ⅰ　座礁――奪われた人事権と売買された採用枠　208
矛盾噴出の二〇〇六年　208
市長在任中の逮捕者九〇人以上　210
「エセ同和行為だ」「京都市に任命権はなかった」　212
「こんなやつを公務員にするのか」　215

当初より売買されていた「採用枠」 216
同和選考採用とは何だったのか 219

Ⅱ 強要——便宜供与の片棒を担ぐ行政 222
二〇〇八年京都市長選挙の驚き 222
「あり得ない話だ」 224
「錦林の誰に呼ばれて行くのか」 226
理由を説明せず撤退命令 228
解放同盟支部長の下請け斡旋 230
金縛り状態は続く 232

Ⅲ 転換——「差別」の強調は不信と反発を招く 238
総点検委員会「報告」の衝撃 238
「どこが部落か」と聞かれたら 241
他の自治体の対応 243
「同和」特別扱いやめた京都市 245
隠すこと、強調することの弊害 248
長期計画の全面改訂 249
変化をどう評価するのか 250

あとがき 253
新書版あとがき 255

第一章　「部落であること」の強制

I　自立――「同和漬け」からの脱出

関西大学（大阪府吹田市）で「部落解放論」「差別と社会」などの講義を担当している石元清英さんは、年に数回、ゼミの学生を連れて京都や大阪の同和地区を訪れることにしている。京都では千本地区（北区）などに足を運ぶ。現実の地区や住民の実態から今日の部落問題を学ぶためだ。石元さんは部落解放同盟本部の中央理論委員会、および京都市部落実態調査研究会などの委員を歴任している。

ところが、一見奇妙な話だが、石元さんは、自分のゼミ生には卒論のテーマとして部落問題を選択することを積極的には勧めないことにしているという。今日の部落問題を一年か二年の勉強によって学生が把握することは、難しいのではないかと考えているからだ。

差別は依然厳しい、住民は今も貧困な生活を余儀なくされている――部落問題に関心をもつ学生は、一般の概説書などからそんなイメージを抱き地区を訪れる。しかし彼らがそこで目《ま》の当たりにするのは、新しい改良住宅、整った文化スポーツ施設……。そしてさまざまな施策によって手厚く保護されている住民の暮らしぶりである。収入も他の地域と比べて決して低くはなく、公務員も多い。貧しくもつらくもない実態。地区のそんな現状にふれたとき、学生の多くは先入観と現実との落差に混乱してしまうそうだ。現実をどう理解していけばいいのか、今の同和対策事業は部落差別をなくすために役立っているのか……。地区及び行政の現状と概説書から得た理論とを整合性をもって理解することは難しい。

それでも部落問題をテーマに挑戦した学生は、石元さんの一九八九年の関大着任後、何人かいる。しかし途中でどうしても行き詰まっていく。中には自分の頭の中で整理がつかず卒論がまったく書けなくなってしまったケースもあったという。

講義をしていても同じ反応が返ってくる。石元さんが同和地区の実態調査をもとに、貧しくも暗くもない地区の現状を説明すると、学生――とくに部落解放研究会などに籍をおく、いわゆる活動家の学生――はけげんな表情を見せる。もっとも一般の講義では、「同和」なんてもうたくさんだという学生のほうが多いそうだが。

今日の同和行政の歪みや運動の矛盾点を衝いたエピソードと言えるだろう。

個人施策がここまで

山崎邦夫さん(三五歳)は一九九一年三月、結婚を機に生まれ育った西三条地区(京都市中京区)を出て下京区に引っ越した。引っ越す一年ほど前から自分の住所を他人に聞かれることに苦痛を感じるようになっていたと言う。同和地区の住民であることを知られるのが嫌だったからではない。同和施策に寄りかかって生活していると見られることが嫌だったのだ。

山崎さんが引っ越しまでして逃れたいという施策とはどのようなものか。二一ページの表は、一九九三年度の京都市の「地区住民」個人を対象にした施策に限って事業を抜き出してみたものだ。

一人の人間が、生まれる前から年老いるまで、さまざまな施策が用意されている。進学や就職、マイホームの購入など一般に人生の節目と考えられるときの施策が「充実」していることがよくわかる。「妊婦診査」の公費負担からスタートして、乳幼児のときには「耳鼻咽喉科検診治療」を公費負担で受けることができる。小学校入学の際には「支度金」として五万七〇〇〇円支給され、入学したあとも「特別就学奨励費」として毎年二万八〇〇〇円分の学用品が支給される。中学校入学にも「支度金」六万一〇〇〇円、毎年三万八二〇〇円分の学用品が支給(「特別就学奨励費」)され、在学中病気・ケガをしても治療費は一部公費負担(「特別医療対策」)してくれる。

中学を卒業するときは「進学支度金」(七万二三四〇円)と「通学用品等助成金」(二万二六六〇円)として合計で九万五〇〇〇円(あるいは「就職支度金」として一〇万七〇〇〇円)の支給を受け、高校に進めば入学金として最高二〇万円、毎月最高八万円の奨学金を受け取ることができる。高校を卒業するときも約五万九〇〇〇円の「進学支度金」(就職する場

個人施策事業一覧（平成５年度）

所管局	事業内容	交付額
市民局	（奨学金）高校大学等奨学金	奨学金（月額） 9,000円〜80,000円以内の実額
		通学用品等助成金（大学）　36,050円
	（奨学金）予備校生奨学金	奨学金（月額）　28,000円
		入学金　88,000円以内の実額
	（奨学金）入学金（高校・大学等）	高校　200,000円以内の実額 大学　350,000円以内の実額
	（支度金）小学校入学支度金	57,000円
	（支度金）高等学校卒業生進学支度金	58,950円
	（支度金）高等学校卒業生就職支度金	107,000円
	（支度金）大学卒業生就職支度金	112,000円
	職業補導事業（自動車運転免許）	入所料、教習料、教本代、検定料の実額
	職業補助事業（各種学校）	新入生（年額） 1,310,000円以内の実額 ２年生以上（年額） 1,190,000円以内の実額
	職業補導事業（調理師試験受験料）	受験料の公費負担
	生活環境改善資金貸付	原則として30,000円以内
	老人等入浴料助成	月15枚の入浴券を交付
経済局	同和地区産業振興融資	一般事業資金（運転資金・設備資金） １企業450万円以内 （保証人付500万円以内） 特別設備資金　１企業1,500万円以内
	同和地区農業者対策 農業者の共同利用機械購入助成	80％ないし100％補助
	同和地区農業者対策　農機具貸付	無償貸付
	同和地区農業振興融資	（資材購入資金）　１件200万円以内 （園芸近代化促進施設設置） １件400万円以内
衛生局	眼疾患対策	集団検診及び検診治療等費用の公費負担
	成人病検診	循環器及びガン検診費用の公費負担
	乳幼児耳鼻咽喉科検診治療	検診、治療費用の公費負担
	妊婦健康診査	検診委託及び初診費用の公費負担
	栄養改善・健康づくり・人間ドック	（人間ドック） 検診費用の７割ないし10割相当額
住宅局	住宅資金等融資	（立ち退き、取得、改修資金） 50万円以上2,000万円以内
教育委員会	（支度金）中学校入学支度金	61,000円
	（支度金）　中学校卒業生進学支度金 中学校卒業生就職支度金	進学支度金　72,340円 通学用品等助成金　22,660円 就職支度金　107,000円
	特別就学奨励費	小学校　28,000円 中学校　38,200円
	特別医療対策	治療費の一部公費負担

（『市職労運動』93年７月号外より）

合は一〇万七〇〇〇円）が出る。

大学では入学金として最高三五万円、毎月最高八万円の奨学金、また「通学用品等助成金」として約三万六〇〇〇円の支給を受けることができる。これらの金は給付であり、返済の必要はない。大学の入試に失敗した場合も行政は「バックアップ」してくれる。予備校に行く場合も奨学金が出るからだ。

奨学金は市長が認めさえすれば、規定をはるかに上回る額が出される場合もある。金沢医科大学に進んだある男子学生は、一九八七年の入学以来七年間で、なんと二三九五万円を受けとっている（『京都民報』一九九三年三月二八日付）。留年しても与え続けるという厚遇ぶりである。

しかも奨学金は建前上「貸与《たいよ》」ということになっているが、事実上「給付」なのである。京都市は、その世帯の生活実態をみて返還することが困難であると認められる場合、「自立促進援助金」を支給し返還を肩代わりしている。しかし返還が困難と認められる場合というが、一〇〇パーセント、市が肩代わりしているのが実情なのだ。なぜ返還を求めないのか。一九九五年一二月、議会でこの問題を質問する共産党議員に対し、鷹田助役は次のように答えている。

「同和奨学金を自分で返済している人はいない。市がすべて立て替え支給しているのは、よい制度とは言えないが、就職後も何十年にわたって同和奨学金を受けたと言われ続けることがいいことなのかと思う」

各種学校に進学する場合も年額百数十万円を上限とする額が、運転免許の取得も「職業補助制度」としてその費用全額が支給される。何回補習教習を受けても検定に落ちても行政がフォローしてくれる。

それにしても「入学支度金」「特別就学奨励費」、あるいは「眼疾患対策」「栄養改善」など、その名称からして時代錯誤的な事業が、今日においても続けられていることに驚かされる。

この他に小学生から中学生まで、放課後、学校の先生が地区まで出向いてきて勉強をみてくれたり(センター学習)、最高でも月五〇〇〇円の保育料や家賃三〇〇〇〜五〇〇〇円前後の改良住宅(市営住宅)への入居も同和施策である。これらは同和地区住民、あるいは元住民なら、所得に関係なく受給できる。そしてほとんどの住民は何らかの施策を実際に受けている。ただし、地区住民の中でも「同和関係者」でない住民、つまり外部から引っ越してきた人は受けることができない。

「施策」からの脱出

山崎さん自身、教育関係の施策はこれまで一通り受けてきた。バイクの免許を取るとき、カネがもらえて本当に「得した」と実感したこともあった。しかし施策を受けてきたのは事実だが、そんなふうに行政のカネや制度に依存して今まで生きてきたことを他人に知られるのは愉快なことではなかった。

大学を卒業し、教員になった。就職したことに伴い、自然と同和施策の「恩恵」を受けることは少なくなっていった。しかし結婚が決まったとき、またしても施策を意識せざるを得なくなった。自分の子どももまた、同じように施策に漬からせて育てていくのか。妻となる相手も教員をしているので経済的に困窮していることはない。結婚をして地区を出ようと決意したのは再び施策にかかわった生活を繰り返すことに対する戸惑いが大きかった。それと地区の保育所や学校は自分の経験を振り返っても良い教育環境にあるとは思えなかったという。そんな意見を口にすると「それは差別だ」と地区の友達から言われることもあったが。

しかし引っ越しする何年か前まで、山崎さんは、そんな葛藤も疑問も感じることはなかったという。地区では全解連（全国部落解放運動連合会）の支部役員をしていた。周囲のメンバーも自分と同じような生活をしていたし、そんな生活を非難する声を耳にすることもなかった。同和施策を自分たちは受けているんだという意識も弱かった。西三条とは別の地区の話だが、取材の中で、施策は同和地区住民だけでなく全市民的に実施されているものとばかり思っていたという人にも出会ったことがある。それほど施策は地区住民の生活の一部に組み込まれ、当然のようになっているのである。

山崎さんがこれまでの生活のあり方を見つめ直すきっかけになったのは引っ越しの四年

前、教職員組合の支部書記長になったことだった。書記長をしていると、数百人いる組合員の先頭に立たざるを得ない機会がどうしても多くなる。そんなとき、訳もなくただ制度があるからといって行政に寄りかかっていていいものか、背筋を伸ばして組合員の前に、また生徒の前に立てるのかという「後ろめたさ」を感じるようになった。そして次第に自らの生活に疑問をもちはじめたんだと言う。

山崎さん夫婦には今、一歳になる赤ちゃんがいる。前に住んでいた地区にちょうど同じ歳の子どもをもち、公務員をしている友達夫婦がいるので、お互いの生活費を比べてみたことがあった。彼ら夫婦は同和施策を受けている。山崎さんの子どもの保育料は月四万五〇〇〇円、友達のほうは五〇〇〇円。家賃は改良住宅よりは多少広いが五万円、友達は三八〇〇〇円。車のガレージ代に三万円、友達は一五〇〇円……。これだけで毎月一〇万円以上の差が出てしまよう。

「ぼくももしカネに困っていたら地区に残る道を選んでいたかもしれない。いや今でもふと戻ろうかなと思うことがある。だってその気にさえなれば何もせずに一〇万円のカネがたまるんですから」

斎藤京子さん（二七歳）も市内の同和地区で両親と暮らしている。子どもの頃、地区内には大勢の親戚が一緒に住んでいたが、今ではそのほとんどが地区からいなくなってしまった。改良住宅の部屋が狭いという物理的な理由も含めて引っ越しの理由はさまざまだたが、共通するのは、同和地区出身であることを隠したいという心理が多かれ少なかれはたらいているという。中にはたまに地区に帰ってくるときも、わざわざ一つ先のバス停で降りて歩いて戻ってくる親戚もいるくらいだ。

「ここで降りるところを見られるのは恥ずかしい」

自らの出自について、いまだそんな厳しい思いに沈んでいる人もいると、斎藤さんは言う。

転居のもう一つの理由は、先ほどの山崎さんと同じ「同和（施策）漬け」の生活を送っていると周囲から見られるのが嫌だからというもの。普通の生活を送っていける状態にあるのにもかかわらず、なおも施策を受け続けることに戸惑いがあるのだ。

斎藤さん自身、両親とともに施策を自ら返上した生活を送っている。家族全員が返上しているのはきわめて珍しいケースである。家族の中では誰も解放同盟（部落解放同盟）、全解連、いずれの運動団体にも所属していない。斎藤さんは地区内の保育所にも行かなかった。奨学金、就学奨励費など経済的なものもいっさいもらわなかったし、同和地区の小中学生を対象にした「センター学習」（補習授業）にも足を運ぶことはなかった。就職する年齢になると、市職員に推薦してもらおうと運動団体に入る知人も周囲にはいたがそんな気もなかった。民間の福祉関係の職場で働いている。これまでに受けた施策といえば、改良住宅に入居したくらいだと言う。

近所の人がかつて、同和施策の利用を拒否する母親にこんなことを何度も言っていたのを斎藤さんは覚えている。

「カッコつけんで、もらえるものはもらっといたらええ」

そんなとき母親は、きまってこう答えていた。

「カッコつけているわけではない。収入もちゃんとあるし、施策を受ける必要がないから受けないだけだ」

地区から出て行ったあとならともかく、周囲住民の大半が当然のように施策を利用している中で、一人だけ施策を断り続けるのはきわめて困難なことだったろうと想像される。

少なくとも現在、経済的な面での施策を必要としている人はほとんどいないと、斎藤さんの目にも映る。にもかかわらず多くの人が施策から離れられないのはなぜか。

「同和施策を活用しているという意識ではなくて、こういう制度が従来からあるので、ただそれを利用し続けているだけなのではないですか」

自分を含め今の地区の住民はもはやかつて差別に苦しめられてきた人が中心ではない。結婚の相手もほとんどが地区外の人だ。差別があるからこういう制度も必要だと思って受けているわけではない、と言う。

「施策がある限り、同和地区の人は得しているという周辺に住む人の悪感情はなくならないだろうし、地区内の状況も変わらないのではないですか」

それでも斎藤さんはこのまちを離れる気持ちはもっていない。下町の人情味が残っていて人と人のつながりも深い。できればずっと住み続けたいと思っている。

「差別を商う行為」

部落問題をはじめとする「差別問題」についてマスコミでも発言を続けている灘本昌久さん(京都産業大学教員)は、学生時代から部落解放運動ともかかわりをもってきている。灘本さんは今日の運動の現状について自らの体験を振り返りながら次のように話す。

一九七六年の解放同盟の一斉《いっせい》行動のとき、京都の幹部の一人にこう言われたのをはっきりと覚えている。

「物が欲しいから、貧乏だから同和事業を要求するのではなく、部落差別をなくすための基礎として必要なのだ。物が取れて運動が終わるのではなく、そこからが部落差別をなくす本当のたたかいなのだ」

しかし現状は「物取り」で終わってしまっているではないか。事業が差別をなくすための下準備であったのなら、一定の生活レベルに達した今日、縮小してあたりまえのはずなのに、運動団体は地区の低位性をことさら強調して、一度握ったものは絶対放そうとしない。

「おいしい話を享受し続けるために部落民をひとくくりにマイナスの存在に描き上げよう

とするなら、差別を商う行為と言わねばならない。京都の運動や同和事業のありようにも、そういう問題が多分にある」と灘本さんは批判する。

同時に、一定レベルの生活をしている地区住民にとって、正常な金銭感覚、社会常識をもっていたら、現在のような過剰な「優遇政策」「保護政策」は、かえって生きる上で精神的重荷になると指摘する。

京都市の同和行政については、共産党や全解連などが一貫して批判し続けている。もうすでに特別対策としての同和対策事業の役割は終わったとし、同和行政そのものの終結、一般行政への移行を主張する。

一方、解放同盟内でも現行政に対する疑問、批判が出はじめている。一九九三年二月、同盟京都市協などが中心になって開催された研究集会では、分科会の講師から「部落の全般的貧困を基盤として行なわれてきた個人施策は、その事業の性格からいって、一般事業に移行すべきであり、同和事業としては原則的に全廃すべし」という趣旨の提起がなされている。

あまりの不公正な現状にたまりかね、市議会でも一九八七年一二月、九二年三月、それぞれ同和行政の「見直し」決議を最大与党である自民党も含む賛成多数で採択している。また市当局もこれまでに数回「訓令《くんれい》」「通達」の形で「見直し」を言明している。現状が逸脱した状態にあることは関係者の共通認識になっていることは確かなのである。だが、決定通りの見直し作業がこれまで進められているとは言い難い。

京都市は一九九三年七月、施策の見直しや所得制限の導入などを盛り込んだ今後の同和事業の長・中期的方針を発表したが、過去の「実績」から考えて与党の自民党からもその方針通りの実行にあまり期待をかけられていない。

「京都」という問題

全国的な同和行政が行なわれる出発点となった同和対策審議会答申が出された一九六五年当時、有効だった施策のほとんどは、地区内外の格差がおおむね解消された七〇年代後半以降、廃止されるはずのものだった。同和行政はあくまで格差是正のための特別対策という性格があるからだ。過去の差別の「代償」として打たれているものでもなければ、運動団体の「既得権」でもないのだ。

ところが、京都市の同和行政についてわかりにくい現状がある。現在、京都の主要な部落解放運動団体には、解放同盟と全解連の二つがある。単純に図式化すると、同盟は与党で現同和行政を肯定し、拡充を主張する立場。全解連は、現状を「解同」言いなりの歪んだ同和行政と批判し、前述の通り同和行政そのものの終結を主張する立場である。その全解連に対して、解放同盟側は「われわれの運動には反対するが、個人施策にはちゃっかり手を出す」と批判する。つまり、「解同」言いなり、全国一歪んでいると批判する全解連の会員の多くも、積極的であれ消極的であれ、その「歪んだ」施策を享受しているからだ。「残念ながらそう言われても仕方ない部分もある。今すぐ個人施策がなくなればパニックを起こす会員も出るかもしれない」

全解連京都市協の幹部の一人は認める。神戸や大津のように全解連が組織的に施策を返上していこうという運動は本格化していないし、市から全国行動、研修などの名目で運動団体に流れる年間約六〇〇〇万円の補助金の一部（約二〇〇〇万円）は、全解連にも入っている。

これについて全解連京都府連の唐木安義《からきやすよし》書記長は、

「全解連といえども一民間運動団体にすぎないのだから、市から特権的な扱いを受けるのは良くない。当然是正していかなくてはならない。同時に全解連の文化やスポーツ活動についての公的な補助については、一般にも適用される制度となるよう行政に働きかけていきたい」と話している。

地区内外の格差が是正されてからこの十数年、京都の運動団体、とくに二一世紀に差別をもち越さないとうたい、同和事業の終結・一般行政への移行を主張する全解連が、部落問題の解決に向けてさまざまなたたかいをしてきていることは事実だ。「職免」制度（活動を理由に市職員が職場を離れること）を自主的に廃止したり、地区内施設の共同利用の運動や、西三条支部のように教育問題を中心にした地区内外共通の要求にもとづく運動など、前進面はある。運動団体の推薦で市職員（清掃局などの現業職）に採用される、いわゆる選考採用問題についても、対象を中高年齢層に限定し、「公開・公募」で行なうことなどを求める見直し案を最近発表した。これまで行政と解放同盟などとの癒着ぶりを何度となく明るみにしていったのもその力の大きさの表れだろう。だがそういった努力にもかかわらず、市民的な支持が得られようもない施策や制度にいまだ依存している現実は否定できない。

住民の「自立」への意思を削《そ》ぐ「手厚い」施策がなぜ今も継続されているのか。行政のあり方を問うと同時に、行政にそうさせている背景にある事情について、市民的な論議が必要だと思う。

Ⅱ　逆行――同和行政の常識と非常識

大阪市の同和保育所で「園児差別事件」が起こっている。園児を差別したのは大阪市である。ところがこの件を報道する共産党の『赤旗』を読んで（他の新聞は報道せず）、奇妙な錯覚にとらわれた。『赤旗』（一九九四年五月一二、一四、一八日付）によると事件のあらましは以下の通りだ。

同市では解放同盟が認知した市同和事業促進協議会（市同促）を通してしか同和施策を受けられない。いわゆる「窓口一本化」が続けられている。しかし全解連による裁判所での訴えの結果、大阪市側と全解連側との間で和解協定が成立、近年では市同促を窓口にしなくても受給できるようになってきていた。

ところが大阪市は今年度（一九九四年度）になって突然、その和解協定を反故《ほご》にしてきた。市の同和施策の中には同和保育所に通う園児へのスモック（遊び着）や体操シャツなどの支給事業もあるが、浪速区内の同和保育所に通う全解連会員の六人の子どもへの支給を大阪市が拒否したのだ。そのため、五月一一日には園の行事「親子遠足」が行なわれたが、その園児たちはみんなとは違う服を着て参加せざるを得なかった。ただしそのうちの一人だけは「他の子と同じ服装でないと嫌」と言って昨年支給されたスモックを着て行ったという。他ならぬ行政自身の手によって子どもの世界に「差別」を持ち込んでいるのだ。『赤旗』には「親子遠足」当日の写真も掲載され、一人だけ違う服を着たあどけない園児の表情が、読者の怒りを誘っている。

当然のことながら全解連や共産党はこれに反発し、「すべての市民にひとしく施策を及ぼすのは行政の責務」だと支給を市に要求している。しかし当初、「子どもを預かる立場から支給したい思いはあるが、関係先と調整がつかない」「解決のために努力する」などと言っていた市だが、その後、窓口の市同促を通さない限り支給できないという見解を表明した。

大阪市のやり方を批判する声に賛成し、「窓口一本化」自体、歪んだ制度に違いない、と感じるのが常識的な感覚だろう。だが、よく考えてみると、そもそも同和対策の名のもとに、保育園児に(親の所得に関係なく)スモックなどを支給する施策が今日、必要なことなのか。「全解連の子どもにもスモックを支給せよ」という声が、市民的な声として広がるとは思えない。記事を読み、行政に不信感をもつ読者の多くは、「そんな金があるのなら市全体の保育行政に金をかけろ」と感じるのではないだろうか。ましてスモックや体操シャツだけでなく、同和保育所の場合、保育料が減額(一般の約一〇分の一)され、保育条件自体が他の公立保育所との間に格差があることを知れば、なおさらのことだ。

こういった指摘は、今回の「園児差別事件」とは次元を異にする問題であることは承知しているし、大阪市の同和行政の進め方を弁護したいわけでもない。また、和解協定にまでこぎつけた運動側の努力とその意義を軽視するわけでもない。しかし、一方では同和事業を終結させ一般行政に移行せよと主張しながら、他方では施策は今後も続けられることを是認するかのように「支給せよ」と要求する姿に、戸惑いを感じざるを得ない。

それから二カ月後、この「園児差別事件」は大阪市側が全解連会員の子どもたちにスモックなどを支給することで決着した。七月一三日夜、大阪市の担当者二人が支給を拒否されていた子ども宅を訪れ、「遅くなりました。ご迷惑をおかけしました」と支給品を手渡したという(『赤旗』一九九四年七月一四日付)。「市民的な声として広がるとは思えない」という私の見通しは杞憂《きゆう》に終わった。この二カ月の間、多くの団体が抗議の声をあげ、市議会はもちろん、国会でも共産党議員が質問で取り上げ、大阪市の不当性を追及していったのである。私の言う「戸惑い」よりも、子どもの心を傷つける行政の無神経、裁判所での和解協定までも踏みにじって「窓口一本化」を強めようとする行政の非民主性に対する怒りの声が大きく広がった。

事件が解決したことは、大阪市の同和行政がただされる方向に結びつくという意味からも喜ばしいことだと思う。しかし、それでもなお、「戸惑い」はやはり拭《ぬぐ》えない。むしろ大きくなるばかりだ。と言うのは、市職員が支給のために子ども宅を訪れた記事を読んで初めて知ったのだが、支給されたのはスモックだけではなかったのである。報道によると、この夜市職員が持ってきたのは、スモック（遊び着）、かばん、パジャマなどまであった。こういう支給事業があること自体への「戸惑い」である。

同時に、支給されたあとの全解連大阪府連・矢頭正明書記長のコメントにも疑問を感じざるを得ない。

「とりあえず支給されたことは評価します。しかし、来年も支給されるとは限らず、他の問題も山積しています。ひきつづき、大阪市の『解同』いいなりの差別行政とたたかう」（『赤旗』七月一四日付）

この先も、同和対策事業にもとづくこの施策を要求していくことになるのだろうか。

例をみない京都市の同和行政

同和対策事業は永久に続けられるべきものではない。格差是正の課題がクリアされれば、終了すべき性格の特別措置である。当然の前提であったはずのことを、つい忘れがちになってしまう。京都も状況は同じだ。

自民党の二之湯智《にのゆさとし》・京都市議は北九州市の同和行政を視察した際に、先方の同和事業担当者にいろいろ質問したが話が噛み合わず、京都市の異常ぶりを痛感したという話をしている(『えとす』一九九三年三月号)。二之湯市議ばかりではない。私自身、神戸市、大津市の同和行政について、市の担当者などから話を聞いているとき、似たような思いを何度か味わった。

個人給付・貸与事業には所得制限があることを先方は当然のこととして説明していることに気づかず、話の内容が理解できなかったり、逆に、運動団体の推薦による市職員の選考採用や「職免」(活動を理由に通常業務を免除できる)のことを尋ねても怪訝《けげん》な顔をされるばかりだったり……。

現在の京都市の同和行政は全国最悪であるとしばしば指摘される。それは全国の流れに逆行して同和関連予算が膨らんでいるということもあるが、問題は、予算の大きさだけではなく、行政の実態にある。同和行政の終結へ向けて、先進的に見直しを進めている神戸の実情と比較すると、京都の抱える問題の深刻さがいっそう浮かび上がってくる。

ある家賃適正化の取り組み

「こんなことが本当にできるんですか」

応対した総務庁同和対策室長はそう声を上げて驚いていたという。一九八五年四月、神戸市同和対策室長だった津村宣哲さんが総務庁同和対策室を訪れ、改良住宅の家賃を今後七年かけて適正化(大幅値上げ)していく方針を伝えたときのことだ。改良住宅の家賃適正化は当時、それほど全国的にも珍しかった。

津村さんは一九七三年に市同対室課長、八一年から八九年まで市同対室長を務めている。神戸の同和対策事業の初期から抜本的な見直しが行なわれる時期まで、もっとも間近で同和行政にかかわってきた一人だ。

事業、とくに改良住宅の建設など環境整備によって、同和地区住民の生活と意識が大きく変わっていく姿を、津村さんは目の当たりにすることができたが、それはせいぜい七〇年代後半までのことだったという。同和地区の周辺地域との格差是正の課題は、その頃でほとんど解消していた。

神戸でも八〇年代はじめまで京都市同様、所得に関係なくただ「部落民」という理由で「ゆりかごから墓場まで」と揶揄《やゆ》されるような個人施策が実施されていた。住民の中にもそれがあたりまえのこととして定着していた。

津村さんが室長になった八〇年代頃から、直接間接に同和行政に対する市民の不信の声を耳にするようになっていた。タクシーで改良住宅の前を通ると、暮らしぶりは自分たちとは変わらないのにここの家賃がいかに不当に安いかとぼやく運転手に乗り合わすのは珍しくなかった。当時の家賃は極端な場合、一般の公営住宅の一〇分の一にまでなっていた。他の施策についても同様だった。事業を進めれば進めるほど、同和問題への市民的理解が得られない事態になっていることを感じないわけにはいかなかった。

一九八二年一一月、神戸市は市会議員、運動団体、同和地区自治会、専門家からなる改良住宅家賃適正化検討委員会を設置、見直しに向けての検討を始める。たとえば現行三六〇〇円の住宅の場合、一年おきに三一〇〇円ずつ引き上げ、七年後に一万六〇〇〇円にするというもの。ただし低所得者には特別の配慮が行なわれる。委員会設置は家賃の見直しだけにとどまらず、同和行政全体を見直す出発点になった。

だが当初、地区住民の反発は猛烈だった。

「これまで差別されてきたのだから家賃が安いのはあたりまえだ」

「われわれが協力しなかったらこの住宅は建てられなかった。家賃はただでもいいくらいだ」……。

市とともに適正化の運動に取り組んでいた全解連神戸市協議会への風当たりは行政以上にきつかった。一時、組織は地区で完全に孤立してしまった。

同和行政は過去の差別の「代償」として行なわれているものでも、運動の「既得権」でもない。格差是正のために特別に行なわれているものであり、格差が解消されれば打ち切るべきものだ。基本的な格差が解消されているのに従来の行政を続けている限り、同和問題に関する市民の理解は得られない。二年間、津村さんはじめ行政の担当者と運動団体は住民との対話を続け、少しずつ賛同を広げていった。

「行政は面倒なことを避けたがるもの」と津村さんは振り返る。しかしその「面倒」を長年サボった結果、施策は市民の合意を得られないものになってしまったし、地区住民の生活も行政に依存するのが当然のような状況をつくってしまった。そんな状況を見直すことができたのは住民や運動団体が行政を信頼したからだが、もう一つ、行政内部に信頼関係があったからだと言う。

「トップ(市長)がどれだけ責任をもって取り組む決意があるかが決め手だった。それがないとこんなことはできなかったと思う」

さらに、神戸で見直しを進めるうえで大きな役割を果たしたのは、市長の諮問機関「神戸市同和対策協議会」だったと言う。地元団体(全解連、解放同盟など)、学識経験者、市議、市の関係部局長、それに市民ら計四四人で構成。一九七二年の設立以来、行政の節目には調査にもとづく政策提言を行なってきた。

同和対策事業のあり方を、一部の団体と行政とのやりとりで決めるのではなく、絶えず、広範な立場からの論議を経て求めていくシステムが機能していた。市民的常識から受け入れられなくなった施策は、当然見直しの対象にされ、軌道修正していくことができた、という。

全解連の決断——神戸

神戸の同和行政解消への推移をみていくと、行政担当者以上に注目させられるのが、運動団体、すなわち全解連の姿勢である。とりわけ家賃適正化運動では、一時期とはいえ地区の中で、「裏切り者」「行政の手先」と罵《ののし》られた。その一方で「値上げ反対」を掲げる解放同盟が大きく力を伸ばし、全解連が地域から完全に孤立した時期もあった。全解連内部からも「家賃は行政と住民が決めるものだ。全解連がかかわることはないのではないか」「行政の片棒を担ぐことはない」などといった意見が噴出した。それでも市協幹部は、家賃適正化は住民の自立性を高め、部落差別解消につながることを強調した。粘り強く住民の説得に回ったという。

それだけではない。これ以降全解連は、続けられていた数々の同和対策事業の縮小、段階的廃止を主張し、実現していく。同時に行政から委託事業費として受け取っていた「補助金」も段階的に返上していくとともに、税金の特別減免廃止も主張する。自らに与えられていた特権を自らの手で葬っていったのである。

「われわれはそれまでも自立と融合を主張してきた。しかしそれは『解同』と同じように行政に依存しながらだった。確かに『解同』のように暴力的な『確認・糾弾』はしないし利権あさりもない。だが同和事業の範囲内でしか運動をしないという点では、『解同』と同じレールの上を右と左に分かれて走っているだけだったのではないか」

全解連神戸市協議長表野《ひょうの》賀弘《よしひろ》さんの自己分析は痛烈だ。

全解連神戸市協では今、地区内外の住民とともに教育、中高齢者の就労保障、特別養護老人ホームの建設、まちづくりなど、地域と共通する課題に取り組む運動を始めている。住民に自立の選択を迫り、促進したことで、こういった活動も可能になったのである。

Ⅲ　特権――輝きを取りもどせるか

　実態の変化、また全国の流れに関係なく、数十年の施策を延々と続ける。年間数千万円単位の補助金を運動団体に出し続け、そのうえ人事権も事実上ゆだねる。その結果、市職員による発砲、暴行、詐欺、覚せい剤使用など、不祥事が続発しても、世間に対して抜本的な改革の意欲すらも示すことができない――京都市の同和行政のこんな実態の一端にふれ、取材しながら私自身が驚きの連続だった。そのほとんどが初めて知ることばかりで、にわかに信じられないことも少なくなかった。しかし、それらの事実以上に信じ難かったのが京都市側の姿勢だった。市民局同和対策室も市教育委員会指導部企画調整課も、現行の同和行政・教育には不十分な面はあったとしても間違った方向に向かっているという認識は一片も口にしなかった。しかし実際には市長最大与党の自民党からも批判が出ている し、「われわれにとってマイナスのことは全て差別の結果だとする考えは、ごく一部を除いて現実と一致しない」と指摘する解放同盟員も少なくない。

　一九九三年八月に京都市長選挙が行なわれた。これまでその実態が深刻な割には、同和問題はさほど市長選挙の争点にはなっていなかった。政党の枠組み、京都市職労の組織内部の事情などもあって、共産党などの革新勢力も十分問題にしてきたとはいえない状況だった。ところが九三年の選挙では、ほとんど初めて、革新候補陣営がこれを前面に押し立てて選挙戦に挑んだ。「同和漬け」「施策によって堕落させられている」「不公正乱脈」——現状をそう批判する。私も取材を通した実感からその意見に賛成することができるし、市長が替わらなければ現状を打開するのはほとんど不可能だとも思う。

割り切れない感情

京都市長選挙が告示された日、伏見区内の同和地区で取材していると、全解連の真っ黒い宣伝カーに出会った。

「全国でも突出して歪んだ京都市の同和行政を勇気をもってただそう」

宣伝カーはそう呼びかけていた。革新陣営の「民主市政の会」は、法定ビラで「全国の見直し・終結の流れに逆行」と京都市の同和行政を批判し、保育料など個人施策の見直しを公約している。

ところで、その施策を現実に受けている側、同和地区住民は自分たちのことを、本当はどう思っているのだろうか。「民主市政の会」には全解連も参加しているが、全解連会員の中にも「施策漬け」という状況にさらされている人も多いのだ。

「書いてあることは正しいことだし、ぜひ実現しなければならない。でも自分でビラをまいていてふと感情的に割り切れないと思うことは、正直言ってある」

三〇年以上前、中学卒業と同時に解放運動に参加し今も全解連竹田深草支部（京都市伏見区）の役員を務めている野口貢さん（四六歳）はそう言う。この選挙で施策だけが問題にされることにも何となく抵抗を感じている。

野口さんはこの三〇年の運動の結果、地区の環境改善は進み、差別の現状もかつてとは雲泥の差だと言うが、同時に一人ひとりの運動や施策に対する意識も変わってしまったと振り返る。

運動団体の推薦で一般公募とは別に市職員に採用される、選考採用制度の受け止め方の変化がその典型だと言う。

「当初は市職員になれることを喜んだ。学歴のロクにない住民が安定した仕事に就け、退職金や年金ももらえるんだから。初めは給料は安いが将来が楽しみだとみんな思ったもんだった。それが今では……」

「同和対策」として選考採用を行なったこと自体の当否はともかく、それは経済的、心理的両面で部落問題の解決に役立った時期のことだった。今はその頃と比べ住民の受け止め方は大きく変わっている。行くところがなかったら団体に頼んで市職員にしてもらえばいいと本気で考えている親や子どもたちもいるのだ。

野口さんも設立にかかわった解放同盟竹田深草支部は一九六二年三月、青年を中心とした二四人で結成されたが、二年前からその準備は始められていた。中心を担った青年たちは「アカみたいなことをするな」「寝た子を起こすな」などと周囲の大人たちから攻撃を受けたが、全国的に取り組まれた教科書無償を求める運動などを通して次第に地域に根を下ろしていった。

「俺たちは欲で教科書をタダにしろと言っているのではない。義務教育費の無償は憲法で保障されている権利だ」

そう言って青年たちは地域を一軒一軒回って署名を集めていった。教科書無償化運動は伏見においては教職員組合や失対労働者の組合、全日自労（全日本自由労働組合）などと手を組んだ取り組みだった。全日自労には大勢の部落住民が加わっていた。

全日自労で組合員として教科書無償化運動にかかわった外尾英範さん（六七歳）は当時のことを次のように振り返る。

「運動の中心になった青年の親もぎょうさんわしらの組合におった。彼らの何人かはとくに労働者意識もなく、難儀なことばかりを言うてくる人やったが、息子たちの姿を見て次第に変わっていったな。まず親が変わりそれから地域全体が変わっていった」

この運動は一九六三年、教科書無償措置法として実を結んでいった。部落解放運動は憲法を暮らしの中に生かす運動であり、この国全体の民主主義をめざす運動に合流していたのだ。

話はそれるが、「竹田の子守唄」という伝承歌がある。この竹田の部落で生まれたもので、哀切なメロディーに部落の貧しさ、差別の厳しさが歌いこまれている。地元でも埋もれていたこの歌を再生させたのが、創立間もない支部の文化活動であった。一九六〇～七〇年代の解放運動の充実ぶりを示すエピソードである。「竹田の子守唄」はその後、人気フォークグループによって全国的に知られるようになった。今日でも若者に人気のロックバンドがカバーしている。

解放運動の輝きは

一九二二年、京都・岡崎で結成された全国水平社は、部落住民にとって戦後の解放運動以上の衝撃であり、輝きを放っていた。

「私の母方の祖父は水平社の創立当初自分の部落に水平社運動を興し、短い期間運動に参加していたが、その祖父が水平社の演説会に出かけるときは、あまりのうれしさにピョンピョンと半分宙を飛ぶように小躍りして歩き、文字どおり足が地に着かない風情《ふぜい》であったという。私の知っている祖父は、威厳に満ちて喜怒哀楽を外に出さない人だったので、その祖父の体から天にも昇るような快感があふれていたと聞くと、ちょっとばかり苦笑を禁じ得ないが、水平社運動というものはよくよく参加者の心を引きつけてやまない魅力が

あったのだろう」(『思想の科学』一九九二年一月号)

このエピソードを紹介する灘本昌久さん(京都産業大学教員)は、この三〇年間で同和地区の状況が格段に変化したにもかかわらず、相変わらず行政に同和施策を要求し続けることを最重要課題にしている運動団体にはとても魅力を感じられない、と批判している。

「人にあなどりを受けない程度の生活レベルに達している人にとっては、要求闘争中心の現在の部落解放運動は、あまりにも物欲しげで貧乏臭い『闘い』だろう。……とりわけ、行政闘争の展開にもっとも功績のあった部落解放同盟がいまだに部落の低位性の強調で同和施策のさらなる継続、獲得に力点を置いていることはなげかわしく、『同対審しがみつき路線』と命名するしかない」(前掲)

「同対審しがみつき路線」。同対審とは同和対策審議会答申のことで、一九六五年に出され現在の同和行政の出発点となった答申である。灘本さんの批判の矛先《ほこさき》はおもに解放同盟に向けられているが、一方の全解連のほうはどうだろうか。解放同盟のような「確認・糾弾会」はしないし、何よりも組織として同和行政の見直し・終結を掲げており、解放同盟とは対極の立場にある。しかし解放同盟による行政私物化に対する住民の不信は深いが、全解連も程度の差こそあれやっていることは同じではないかという批判も、少なくとも京都市内では厳然と存在する。

「たしかに住民の運動団体への不信は全解連に向けられることもある」

解放同盟竹田深草支部の創立メンバーの一人で、現在も全解連竹田深草支部役員の川部昇さんは話す。

「行政は何の点検もなく従来の施策を続け、現状に合おうが合うまいがカネを出してきている。こちらもいわゆる同和漬けに慣らされてしまい、住民も組織も骨抜きにされてしまっている現状は否定できない」

川部さんは、地域内に限定される要求を掲げていればいいという運動の時代はもはや過ぎた、同和事業の枠内にとどまる要求を繰り返すこれまでの運動から、かつてのように地域内外の共通する重要課題に幅広く取り組む運動に転換すべきだと強調している。

レッテルを剥がす試み

全解連竹田深草支部の青年部は現在約六〇人。市内だけでなく全国的に見ても有数の青年部である。地区青年に対する支部の「吸引力」の強さの多くは、「選考採用」の魅力に負っていることは否定できないだろう。選考採用に推薦してもらいたいという動機で、あるいは市職員に推薦してもらった「義理」からしぶしぶ活動に参加してくる人もいるが、活動を通して積極的になっていく若者も多いという。

最近、青年部が始めた一つの活動が地区住民を驚かせている。

月一回、地域内を清掃する。あまりにも汚れている、たばこや空き缶を平気で捨てる人も多い。月一回ではきれいにはならないにしても、自分たちが清掃をしている姿を見れば大人たちのマナーも少しは変わるのではないか、と青年部のメンバーで考えた。

ところが掃除に対して周囲の住民からかけられた声は次のようなものだった。

「市からなんぼもらってやってんねん」

「そんなん業者にやらせておけばええ」……。

青年部が始めた活動は一見ほんのささいなことのようだが、今の施策が住民の意識にどのような影響をもたらしているか、ある面を浮かび上がらせた。

「自分の住んでいるところを協力してきれいにしたいということは、一般の地域ではあたりまえのことですよね。それがびっくりされる。これも『同和施策』の名のもとに日常の細かなことまで他人に任せた生活をしている結果なのかもしれない」

青年部の市川浩さん（三〇歳）の感想である。

市川さん、あるいは他の青年部の何人かに聞いても、これまでに明確な部落差別に自分が出会ったことはない、同世代の者はほとんどがそんな経験はないのではないか、と言う。過去に強烈な差別体験をもつ年代の人なら「過去の代償」として今の同和施策を自分の気持ちの中で無理やり納得させることができるかもしれない。しかし市川さんたち若い世代はどうなのか。

小学・中学と成績には関係なく教師が自分たちだけにつきっきりになって教えてくれた。

学校が終わればセンター学習だといって先生が地域までやってきてくれたし、家庭訪問もたびたび受けた。文房具や体操服、運動靴、メガネまでも頼みもしないのに学校が支給してくれた。

当時、自分たちだけがなぜそういう特別扱いを受けたかわからなかった。今でもやはりわからない。唯一の理由らしきものは、自分たちが「部落民」と規定されていること。ではなぜ「部落民」は特別扱いを受けるのか。「部落民」はみんな成績が悪かったのか、鉛筆も買えないほど貧乏だったのか。

地区の環境や住民の暮らしが大きく変わった今日においてもなお、「同和対策」の名のもとに施策を受け続けることについて、戸惑い、あるいは「後ろめたさ」を感じている住民は少なくない。たとえば、職場で家賃のことが話題になる。お互い自分の借りている家の家賃の額を言い合う。「高いなあ。何とかならんかなあ」という方向に話題は進む。そんなとき、改良住宅に住むその人は恥ずかしくて「月五〇〇〇円」と言えず、家賃一年分たして「私の家賃は六万円」と言ってごまかした……。地区での取材を通して、この種の「笑い話」にしばしば出会った。

「別に人のカネを盗むわけではない。くれるというのだからもらったらいいのではないか。そう言う人もいる」

市川さんは言う。

「でもそれは地域内でしか通用しない理屈ですね。同和行政の終結をという僕らの主張は、若い人ほど共感してくれる」

市川さんは京都市清掃局に勤める市職員。実は彼自身「選考採用組」だ。その彼が、選考採用を含めて今の同和施策・制度をやめろとはなかなか大声では言えないという。だが同和教育の弊害など、自分たち若い世代が積極的に発言して変えていけることもあると思っている。

一九九三年の市長選では、初めて同和行政の終結を大きな争点に掲げた候補者の勝利に向けて全解連も動いた（結果は小差で落選）。

「井上さん（候補者）が市長になれば同和行政は大きく変わり、僕たちが今まで受けている『甘い』部分も失うことになるでしょう。それを承知の上で僕らは活動した。失う方向に動いていかなくては僕らの運動の未来もないと思っていたからです」

こうした、言わば行政から押し付けられた「部落民」のレッテルを自らの手で剝《は》がしていく姿は、大勢の市民の共感を得るだろう。そして若者らしい感性・正義感が大きな市民的な声になり現状を変える力にまでなってほしいと願う。

Ⅳ　逡巡——誰が「依存」を強制しているのか

同和行政の取材をしていると必然的に運動団体の役員に会うことが多くなる。何人かに会ううちに意外なことに気づく。同和地区から出て今は地区外に住んでいる役員が結構な割合でいることだ。出ていっているのは何も団体の幹部だけでなく、地区全体についてもいえることだ。とくに崇仁《すうじん》地区（京都市下京区）での人口減少は著しく、一九七〇年に約六三〇〇人いた人口は八四年に約三四〇〇人まで落ちこんでいる。

出ていく理由はいろいろある。結婚を機に親から独立しようと思っても、改良住宅に空きがない。子どもが大きくなって改良住宅ではとても狭くてやってられない。蓄えができマイホームを購入したい。もっとも都心部からの人口流出は何も同和地区に限ったことではないのだから、ことさら「意外」というのもおかしいかもしれない。ただこの人口流出は、やはり同和行政との関係でいびつな現象を引き起こしているのだ。

その料金の安さを理由に、「不公正な京都市の同和行政」のヤリ玉にまず挙げられるのが同和地区内の市立保育所だ。市内三五カ所のうち二一がいわゆる同和保育所なのである。保育料は最高でも月五〇〇〇円、二人預けても七五〇〇円にしかならない。へたをすると民間の保育所の一〇分の一ということにもなる。

同和保育所には同和地区住民の子しか入れないが、実際にはかなりの割合で地区外から入所してきている。同和地区から何らかの事情で出た人の子なら入所が認められるのだ。比較的少ない保育所でも約三割、多いところでは半分近くが地区外からの入所児で占められているという。安い保育料が遠くからでも入所させる大きな動機だ。

この春から地区外から伏見区の同和保育所に子どもを入所させることにした父親(四七歳)は言う。

「入れるのは生まれ育った地区の保育所はなじみが深いからという理由だ。安いからというより施策をステップにして頑張って生活をしていければいいと思っている」

同和保育所を担当する京都市保育二課では「経過措置として元住民に対して一代限りで入所を認めている。目的は『生活安定』のため」と言う。「生活安定」というが、別に入所時に親の所得制限があるわけではない。まさに行政の施策によって「部落民」をつくり出しているのだ。

施策返上へのためらい

「全解連なんかが施策は打ち切れと言っている。頭ではそれは正しいと理解できる、でも自分の生活になるとどうしても……」

寺崎宏子さん（二四歳）は自分の言っていることは矛盾しているなあと何度もこぼしながら話す。二人の子どもは保育所に預けて共働きをしている。同和保育所なので保育料は二人合わせても最高七五〇〇円にしかならない。夫婦とも市職員で収入は安定しているのだが、やはり施策を受けてしまう。

「なぜと聞かれても……。初めからこんな制度がなかったらなかったで、夫婦で頑張って通常の保育料を払うと思うけど……」

「自立」しようと思っても制度が目の前にあると利用してしまう。本当に生活に困っている人の話を聞くと悪いなあという気持ちになる。寺崎さんは自分の子どもを預けている同和保育所の料金を本当に申し訳なさそうに口にする。なぜ私たちにだけこんな施策があるのか、同和地区でできることだったらそのほかの地区でもやってほしい、と言う。

だが同和地区は施策が充実していると周りからみられるが、その中身は言われるほど優遇されたものではないと、寺崎さんは感じている。たとえば改良住宅は確かに家賃は安いが、とても一家が永住できるような造り方になっていない。狭いし風呂もついていない。両隣の声は筒抜けで小声でしか話せないときもある。昔に建てられた住宅はもちろん、最近の改良住宅だって似たようなものだ。

「本当に自立をさせるつもりなら住宅でももっと計画的に造ってほしい」

この一年余り、私は多くの同和地区住民から話を聞いてきた。全解連会員、解放同盟員、そのどちらの運動団体にも所属していない人。その中で、私は同和施策を受けている人に会うとき、必ず繰り返す質問があった。

「あなたが、京都市の同和施策を今日も受けなければならない根拠はいったい何か」

施策自体が同和地区の現状からも市民的常識からもかけ離れたものがほとんどなのだから、質問に対する明確な答えはあり得ないとは思うものの、それが私の一番の疑問、本音を聞いてみたいと思った。

「もう二〇年以上続いているし、周囲もみんな受けている。とくに何か特別な施策を受けているという意識はないいな」

「明日の生活に困っているわけでもない自分に施策を受ける理由がないのはわかっている。でも目の前に制度があるので、つい……」

また、こんな返答もよく聞かされた。

「運動の成果として制度ができたんだから利用して悪いことはないではないか。私たちはドロボーしているわけではない」

私が相手の話す理由の不合理な点をいちいち質問していくうちに、「そういう制度があるのだから仕方ないではないか。なぜあなたから自分の生活のことをとやかく言われないといけないのか」と語気強く反論されたこともあった。

もちろん現在の行政や同和地区住民の暮らしぶりに強い疑問を抱いている人もいる。先に紹介した京都市中京区の同和地区に住む斎藤京子さんは「施策を受けないのはカッコつけているわけではない。収入もちゃんとあるし受ける必要がないから受けないだけです」と親子二代にわたっていっさいの施策を拒否した生活を続けている。解放同盟員の中にも「地区は行政のサービスが必要以上に行なわれているところというイメージがあるが、そんなイメージに納得したくない」と言い、必然性のない施策は自ら返上していく運動を試みている人もいる。

依存の強制

京都市の同和行政の拡充を今も要求している解放同盟と市当局に、現状に対する認識を聞いてみた。今の同和行政が市民的合意を得ていると思うのか、今の施策を続ければ続けるだけ同和問題の解決にはマイナスの作用を及ぼしていないのか。

丹波淳一・解放同盟京都市協事務局長は、時代の変化にともない見直すべき施策・制度は確かに出てきているとは認めるものの、私の質問には次のように答える。

「社会観念の中に差別意識がないのならそういう疑問もあり得るだろう。だが現実には差別意識が充満しているではないか」

差別落書き事件は頻繁に起こる一方だし、結婚に関する問題も跡を絶たないのがその証拠である。かつてのように面と向かった差別は少なくなってきているが、人々の差別意識は陰湿になっている。改良住宅の家賃が安いとよく言われるが、一般の市営住宅に比べて狭いし、部屋の造りも悪く、夫婦生活もままならないのが現状なのだ。同和対策事業によって住環境などは見違えるように立派になったが、それは外見だけだった——丹波事務局長はそう言う。

一方の京都市は、「今後における本市同和対策事業のあり方について（具体的内容）」を出し、改良住宅家賃の適正化や施策受給の所得制限などの検討をはじめている。

しかし、私の批判的な質問に対して、同和対策室では次のように反論する。

「市民の合意が得られていないと言われるが、今の市民は同和問題に対して高い水準の理解を示していると言えるのか。厳しい差別の現実があるのに、地区住民への悪感情を抱かせるような（寺園の）主張や議論はおかしいのではないか」

そして、かえす刀で不公正な現状の是正を求める市議会決議については、強い語調で言い放つ。

「今が行き過ぎ、不公正な状態になっているとは思わない。事業はすべて条例や法律にもとづいてやっている。市議会でどのようなことが決められようと、尊重はしても絶対守らなければならないということでもない。被差別住民以外の市民から選ばれた議員よりも、市としては差別を受けるマイノリティの立場に立った行政を今後とも進めていくだけだ」

私のものの見方や感じ方が完璧であると言うつもりはない。しかしこの間、取材で接した住民の感覚と右の両者の感覚との間にはかなりの距離を感じないわけにはいかない。

行政が掘り続ける溝

全解連の支部役員を務める市川浩さんのところに一九九四年春、初めての赤ちゃんが生まれた。市川さんには前年八月の京都市長選挙のときに取材して以来、これまでにも何度か話を聞かせてもらっている。

子どもが生まれてしばらく経った頃、市川さんの家を訪ねた。市川さん自身の今後の同和施策に対するかかわり方について、ぜひ聞いてみたいと思ったからだ。わが子を同和保育所に入所させることになるのかどうか。

「市長を替えて今の同和行政を根本から見直さないといけない。われわれ運動団体のこれまで得てきた『特権』が失われることになるかもしれないが、そうしないと今のままでは運動の未来はない」

市川さんは一九九三年の市長選のさなか、そう話していた。

夫婦とも公務員で共働き。自宅はすでに地区外に引っ越している。だが「元住民」ということで京都市は同和保育所への入所を認めてくれるはずだ。そうなれば夫婦の所得に関係なく保育料は月五〇〇〇円ですませられる。

「同和保育所のほうが家から近いし便利だし……、正直言って迷ってます。本音と建前は違うということですね」

数万円の保育料は高い、払いたくないということは、おそらく誰しも思うことだ。だからといって普通、親が保育料を選択することなんてできない。しかし、自分たちにだけは「元住民」あるいは「旧身分」を理由にした選択権が与えられている。市川さんは今まで以上に行政の不公平ぶりを痛感している。

現在の京都市の同和行政についてはさまざまな批判がある。その不合理性により、部落問題の解決にとってまったくプラスの効果をあげていない。逆に多くの市民からの批判をかい、結果として「同和」「同和地区・住民」に対する新しいマイナスイメージを生み出している。と同時に施策に頼らずに生きていこうとする住民の意欲も削いでいる——等々。

しかし、市川さんの「逡巡《しゅんじゅん》」する姿をみていると、さらにそれ以上の弊害を感じないわけにはいかない。行政が部落(同和地区)と部落民(地区住民)の存在を固定化もしくは再生産する役割を果たしているということだ。住民の「自分たちは『部落民』だ」という意識を覚醒させ、「非部落(民)」との溝を掘り続けているようにもみえる。

「職免」の返上

一九九〇年二月、全解連京都市協は今後「職免」をいっさいやめることを決め、今日もそれを実行している。職免とは条例や人事委員会規則などによって自治体職員に保障されている「職務に専念する義務の免除」のこと。もちろんその間の給料がカットされることはない。

組合活動を理由に職免が認められていることはあるが、京都市の場合、地域の民間運動団体にすぎない解放運動団体に所属している市職員にも、「研修」を名目にこれを許している。運動団体の大会や集会をはじめ、国や自治体に対する要求交渉、市協や支部の定例会議、地域で行なわれる夏祭りの準備などといったときにも取られているのが現状だった。解放同盟に所属する市職員なら「確認・糾弾会」へも職免で参加できる。職免を取る場合、事前に運動団体を通して職免を希望する職員の名簿を当局に提出し、了解を得ることになっているが、必ずしもそれが実行されているわけではない。朝、職場に電話をかけ、「今日は職免で休む」と連絡するだけで、職免を取る目的や内容を説明しなくても認められるケースが珍しくなかった。

それぞれの職業をもつメンバーが参加する会議の時間をわざわざ平日の昼間に設定するのも理解しがたいが、そもそも一民間団体の活動がなぜ職免の対象になるのか、とうてい納得されるものではないだろう。町内会や個人の意思で入会した市民団体の活動に職免が認められるのか。みんな、どうしても必要な場合は年休を取って活動をしているのではないのか。なぜ部落解放運動団体にだけそんなことが許されるのか。

「国民融合」「同和行政を終結させて一般行政への移行を」とうたう全解連が、京都市あるいは解放同盟の動きとは関係なく自ら「職免返上」を決めたのは当然のことといえる。当時の市協事務局長・唐木安義さんによると、全解連が職免を取るようになったのはおよそ二〇年前。解放同盟が職免を取り激しく活動する中、その対抗措置として全解連自ら市に要求して認めさせた。

「そうしないと同盟に押されて組織がもたないような状況だった」と言う。

それ以後、組織内では職免は常態化し、ひどいときは年間延べ二五〇〇〜二六〇〇件も取っていた時期もあった。

「われわれは特権団体ではない。職免を取って市民の支持が得られるはずがない。行政から独立した自前の運動をつくっていこう」

市協執行委員会でそういう提起がされたとき、「なんで自分たちだけやめないといけないのか」という声もあったが、論議を重ね最終的には圧倒的多数の賛成で「返上」が決まった。確かにこれは市民的な感覚からみるとあまりにも常識的な決定である。逆に、同和行政の終結を主張する組織がその時期まで職免を取っていたことに、首をかしげざるを得ない。だが、運動団体と住民が自らの意思と努力で不公正な同和行政を是正する大きな一歩を踏み出したことには間違いない。

職免返上を決めた翌年度(一九九一年度)、決定通り全解連の職免はゼロ件だった。対する解放同盟は二二〇〇件に達している。

「返上」から五年。解放同盟側は今も変わらず職免を活用しているが、全解連のメンバーの中から職免を再要望する声は聞かれない。逆に返上後のほうが、組織も大きくなったし、夏祭りなど地域での行事も活発になっているという。

自立の決定は住民で

同和地区住民は、自分の意思とは無関係に「施策漬け」の生活（施策に頼り切った生活）をさせられている。行政が住民の自立を妨げている……。現状の行政の批判の声としてよくこう指摘される。しかし、本当に住民は行政によってのみ自立を妨げられている、と言えるのだろうか。

何よりも、自立できるかどうかの決定権を一〇〇パーセント行政に委ねているかのような問題の立て方に、私はひっかかりを覚える。自立しようと十分な努力を尽くしたにもかかわらず、結果として行政によって「施策漬けの生活」におとしめられているのか。目の前に施策を差し出されれば、思わず手を出したくなるという気持ちになるのは理解できる。だが、その一方で住民の中には施策から離れた生活をしている人が、少数ながらいる。彼らが地区の中でも特別な条件をもっている人だとは私には思えない。また、全解連が自らの決断で「職免」をきっぱりと返上できたことを考えても、「～させられている」などすべて受け身形ですませられるものではないと思う。いつまでもこういう行政が続けられるものではないにしても、とにかく今はそういうことは考えないでおこう。あるいは、続けられるうちはせいぜい利用しよう――住民や運動団体の中に、そういう心理が流れてはいないだろうか。

たとえば、部落問題研究所の山本敏貢さんが一九九四年三月の全解連京都市協主催の学習会に講師として呼ばれたとき、若い人を対象にした選考採用は検討の余地なく即刻やめてしまうべきだと提言したときの話だ。

「旧身分を前提とした特別枠の採用制度なんて旧身分を固定化するものでしかない。今の地区の若者の学力状況からすれば通常の公務員試験を受けるべきだ」と言う山本さんの発言は、中年の女性の参加者から「枠をなくすことなんて簡単にはできない」となかばあしらわれるように反発された、という。

選考採用をふくめ施策を一方的に返上してしまえば組織が揺らぐかもしれない。人それぞれに生活設計があり、あるいは多額のローンを抱えているかもしれない。しかしそんなことが今の行政、あるいは「施策漬け」の生活を容認する理由として、多くの人を納得させることはできないだろうし、何よりも部落問題の解決にとって、何のプラスにもならないだろう。

第二章　犯罪・不祥事を生み出すシステム

I　採用——運動が「堕落」するとき

京都市清掃局勤務のA職員（五〇歳）と区役所に勤務するB職員（四六歳）の二人が一九九四年二月、恐喝未遂の疑いで逮捕された。この事件は各紙の社会面、地方面の片隅にベタ記事扱いで報じられたが、背景にはベタ記事にはおさまりきらない複雑なものがある。

逮捕された二人は、同僚の清掃局職員が二年前、山科区の整形外科医院でアルバイトしていたことを知り、その医院理事長をホテルのラウンジに呼び出し、二〇〇万円を脅《おど》し取ろうとした。

「公務員がアルバイトができないのは知っているやろ。（医院でアルバイトした同僚の職員が）懲戒免職になりかけたのをもみ消すのに二〇〇万円使った。払わないと医院をつぶす」と。

ところが二人のうち清掃局勤務のA職員は、整形外科医院理事長を脅した翌月、別の恐喝容疑で再び逮捕された。この職員は医院理事長だけでなく、アルバイトで懲戒免職になりかかっていたという当の清掃局職員も脅していたことが明らかになったのだ。一九九二年三月、A職員はアルバイトをしていた同僚を山科区の自宅に呼び出し、二〇〇万円脅し

京都市職員の採用方法

■競争試験採用（一般事務職、一般技術職など）
■選考採用
①免許・資格職（医師・薬剤師・看護師など）
②特殊専門職（文化財保護技師、楽員、研究職員など）
③技能・労務職（業務職員、管理用務員、家庭奉仕員など）
├─「同和雇用」
└─一般公募（1995年度より実施）

取った。

「お前がアルバイトをしていたことで、俺は首にならないように苦労している。首になりたくなかったらカネを用意しろ」

この事件自体、部落問題とは無関係なはずである。ところが関係者から話を聞いてみると、京都市の歪んだ同和行政が市政全体に及ぼす弊害の一面を、如実《にょじつ》に語っているのである。

京都市は「就労促進」を目的とした同和事業の一つとして選考採用制度を取り入れている。地方公務員法では、職員を採用するにあたり、通常の試験（競争試験）とは別に、人事委員会が定める一定の職種（免許・資格職、特殊専門職、技能・労務職、特別選考職）は選考による採用ができると規定している。たとえば、医師や研究者、楽団員などがこれに当たる。京都市はこれに準じ、一九六九年一一月に策定した「同和対策長期計画第一次試案」で「同和地区住民の市職員への採用を促進」することを方針化、技能・労務職（現業職）の選考採用を同和事業として行なうことを位置づけている。もっともそれ以前から市会議員や市有力者の縁故《えんこ》による地区住民の採用は行なわれていたが、市の正式な同和施策として、選考採用を行ない出した（市の説明によると実際に採用を始めたのは一九七三年から）。

本書で問題にする選考採用の実態は、すべてこの同和の名のもとに行なわれている選考採用のことである。それはきわめて異常なスタイルをとっている。市が運動団体などに採用枠を示し、各団体の推薦があった応募者のみを採用するという方法なのである。もちろんその採否は市人事委員会で決められるが、「事実上運動団体が推薦すればフリーパス」（解放同盟、全解連両関係者）というのが本当のところだ。一民間団体が公務員の人事権を握っているのである。さらに京都市は一九八二年を最後に現業職の一般公募を停止している。つまり選考採用者で独占されるようになっている（一九九五年より市民の批判を受け一般公募を一部復活）。

なぜこの人物が採用されたのか

A職員はこの選考採用制度で解放同盟推薦で市職員になった人物だった。しかも市職員に選考採用されるのは二度目なのである。彼は一〇年あまり前、薬物中毒による幻覚症状で自宅や周辺で刃物を持って暴れ逮捕されるという事件を起こし、市職員をいったんは退職していた。ところがその三年後に、再び選考採用で市職員になっていたのだ。

薬物中毒で暴れた職員が懲戒免職にならなかったのも不可解だが、その職員をわずか数年後に再雇用しているというのだ。常識では考えにくい人事だ。もちろん過去に過ちを犯した人物を公務員にしてはいけないということではない。しかし、同じ人物が同じ職場で再び社会的な問題を起こしたことを考えると、A職員の再採用にあたって妥当な審査がなされていたのか、運動団体の推薦があれば市は採否に関して独自の権限をもてないのかと、疑問をもたざるを得ない。

市人事課ではこう説明する。

「過去に失敗を犯したとしても法律上の処罰が終わっていれば問題はない。現在の状況がどうかをメインに判断する」

また、運動団体から推薦されたからといって、まったくのフリーパスで市職員に採用するわけではなく、市が不適格と判断すれば採用しない場合もあり、あくまで市独自の判断で採用したことを強調する。行政とすれば当然の言い分だろう。市職員に関する人事権を民間団体に委ねているとはいくら何でも公言できない。だが、これまでに運動団体から推薦のあった応募者のうち、何人くらいが不採用になったのかと尋ねても担当者は明らかにしてくれなかった。

明らかにされないのは採用しなかった数だけでなく、「同和対策」の名のもとにこれまでいったいどれだけの職員を採用しているのか、そもそもどんな基準で採用するのかということも公表されていないのだ。

「同和雇用者」事件ファイル

この恐喝事件だけでなく、運動団体の推薦で選考採用された市職員による不祥事は日常化していると言ってよいだろう。この数年間で新聞報道された事件に限って紹介しても、内容・件数ともに信じ難いものがある。

▼住宅斡旋と詐欺未遂容疑　ボランティア名目で休暇　京都市職員逮捕（記事の見出し、以下同じ）

〈十六日午後七時半ごろ、震災の避難所になっている神戸市東灘区御影石町三、市立御影小学校の教室で、被災者に手製のビラを配り「マンションに安く入れます。家賃は一年間無料」と言っている男を同校の被災者リーダー（43）が不審に思い、東灘署に通報。署員が任意同行を求めて追及したところ、マンションの斡旋名目で保証金をだまし取ろうとしていたことがわかり、詐欺未遂の疑いで緊急逮捕した。

男は京都市水道局山科営業所工事係主任C容疑者（38）。

調べによると、C容疑者は住宅販売会社員を装い「百五十戸を提供します。照明や冷蔵庫、電話、冷暖房、光熱費、水道代なども無料。七年二月二十日から入居」などと書いたチラシと申込書を被災者に配布、保証金をだまし取ろうとした疑い。
さらに同容疑者は「早く申し込んで下さい。先着順です。保証金は2LDKが二万円、3LDKが三万円」などと持ち掛けていた。
職場には「被災地で倒壊家屋の解体撤去の手伝いをする」と、三日間のボランティア申請書を出し、休暇を取っていた。〉(『読売新聞』一九九五年二月一七日付夕刊)
——C職員にはその後、余罪があることがわかった。神戸で詐欺を行なった二月前、京都市市営住宅への裏口入居を斡旋すると持ち掛け、女性から五〇万円だまし取っていたのだ。詐欺容疑で、東灘署は同年三月二七日、神戸地検に追送検している。

▼身障者の預金一五〇万円着服　京都市の福祉職員

〈京都市の身体障害者リハビリテーションセンター(同市中京区壬生仙念町)で、担当指導員(四二)が、入所者(五四)の銀行口座から無断で百五十万円を着服していたことが七日分かった。京都市民生局の説明では、入所者の男性は脳血管障害で一九九三年九月に同センターに入所し、この指導員が歩行訓練や生活相談を担当した。二月六日に男性が「金がなくなっている」と同センターに訴えて問題がわかった。指導員は「トイレで通帳を拾った。書類を作る時に男性から印鑑を借り、金を引き出した。

サラ金の借金が膨らんでいた」などと認めたという。〉（『朝日新聞』一九九五年三月七日付夕刊、同三月八日付）

▼婦女暴行容疑などでまた京都市職員2人を逮捕

〈京都府警太秦《うずまさ》署は17日までに、京都市清掃局職員2人を婦女暴行容疑などで逮捕した。同市では、阪神大震災の被災者から金をだまし取ろうとして職員が逮捕されるなど、1ヵ月に3件の不祥事が明るみに出た。

D容疑者（26）とE容疑者（21）。調べではD容疑者は2月26日未明、京都市内の繁華街で知り合った女性会社員2人（ともに20歳）を自宅に連れ込み、同僚のE容疑者、顔見知りの男子中学生（14）＝強制わいせつ容疑などで逮捕＝と乱暴などをした疑い。〉（『毎日新聞』一九九五年三月一八日付）

▼3年連続で職員が覚せい剤逮捕　京都市清掃局

〈京都市清掃局の元職員が、一九九二年から三年続けて覚せい剤取締法違反で京都府警に逮捕されていたことが四日明らかになった。府警保安課によると、九四年に中京清掃事務所、九三年に伏見清掃事務所、九二年に下京清掃事務所の職員が逮捕された。いずれも容疑事実を認めて起訴され、懲戒免職となり、その後有罪判決を受けている。

判決文などによると、九四年十月逮捕された職員(当時二三)は「薬がないと仕事に力が入らず、三日に一度は休むようになっていた」との理由で、毎日のように覚せい剤を打っていた、と供述した。

九三年二月に逮捕された職員(同二九)は暴力団組長から覚せい剤約二・五グラムを二十万円で購入。「昼は清掃局、夜はスナックで働き、疲れていたためシャブ(覚せい剤)を始めた」という。また、九二年八月に逮捕された職員(同二九)は、職場の先輩を通じて知り合った人物から譲り受けた覚せい剤を計三回使用していた。

保安課は覚せい剤の入手経路などから、職員の個人的な犯罪とみている。しかし、伏見清掃事務所員の場合は、暴力団が関与していた事実があり、覚せい剤の販路として京都市清掃局を狙い撃ちしていた可能性もあるとみて調べている。〉(『朝日新聞』一九九六年五月五日付)

▼向島の短銃発砲　京都市職員ら6人逮捕　殺人未遂容疑など　家屋使用めぐり争い

〈京都市伏見区の向島ニュータウンで昨年九月に起きた短銃発砲事件で、京都府警暴対二課と伏見署は二十九日午前、殺人未遂や銃刀法違反(発射罪)などの疑いで、山口組系暴力団組員や京都市清掃局の職員二人ら計六人を逮捕、左京区の同組組事務所など十七ヵ所を一斉捜索している。逮捕されたのは福原組組員F容疑者(三五)、京都市清掃局職員G容疑者（二〇）、同職員H容疑者（二〇）らで、高校生（一六）も含まれている。

府警の調べでは、F容疑者らは九月三日午前一時四十分ごろ、伏見区向島ニュータウン第五街区の市営住宅一棟（十一階建て）一階東側の非常階段付近で以前に会津小鉄系暴力団とかかわりのあった伏見区の男ら数人と言い争いになり、男らに向け短銃数発を発射した疑い。

G、H両容疑者の勤務先の市清掃局清掃事務所の所長は「（容疑が）事実とすれば残念。二人ともおとなしい性格で信じられない」と話した。〉（『京都新聞』一九九六年一月二九日付夕刊）

▼京都市職員を逮捕　児童福祉法違反で　府警少年課

〈府警少年課と向日町署の合同捜査班は一日、ツーショットダイヤルで知り合った無職の女性（一七）を脅して性的関係を持ち、知人にも紹介したとして、京都市清掃局職員I容疑者（二六）を児童福祉法違反容疑などで逮捕、さらに知人の不動産会社社長（五〇）を青少年健全育成条例違反容疑で逮捕した。

調べでは、I容疑者は四月四日、ツーショットダイヤルで知り合った京都府乙訓郡の女性を「おれはヤクザだ」と脅迫して、京都市内のホテルに連れ込んだ。その後、「親

分とも付き合え」と脅し、元暴力団組員で知人の不動産会社社長に紹介した疑い。〉（『朝日新聞』一九九六年七月二日付）

▼覚せい剤容疑、また逮捕者　過去5年で4人目　京都市清掃局

〈京都市の職員（三二）が八月、覚せい剤取締法違反容疑で京都府警に逮捕されていたことが十八日分かった。同市ではこれを含めて過去五年間で四人の職員が同容疑で逮捕されている。

京都府警薬物対策課によると、八月に覚せい剤取締法違反容疑で逮捕されたのは山科清掃事務所に勤務する男性職員。七月十八日未明、京都市伏見区で盗難車を無免許で運転していたとして、盗品など有償譲り受けと道路交通法違反の疑いで逮捕された。その後の調べで同区の公園内の公衆便所で、覚せい剤〇・〇三グラムを水に溶かして自分の体に注射したとして逮捕、起訴されており、現在、起訴休職処分を受けている。

職員が所属する同市清掃局では一九九二年に下京、九三年に伏見、九四年に中京清掃事務所と三年続けて職員が覚せい剤取締法違反容疑で逮捕された。三人とも容疑を認め、その後、懲戒免職処分になった。

このほか、一月には伏見区のニュータウンで暴力団組員とともに発砲事件に加わった職員二人が殺人未遂容疑で逮捕され、暴力行為の罪で略式起訴された。二月には、

職員一人が死亡ひき逃げ事件で逮捕、業務上過失致死罪で略式起訴された。四月には大麻を所持していたとして別の職員が大麻取締法違反容疑で書類送検された。〉(『朝日新聞』一九九六年九月一八日付夕刊)

異常と言うほかない。「京都市」という職場はいったいどうなっているのか。怒り、あきれるだけでなく、こうまで続くと、得体《えたい》の知れない不気味なものすら感じられてくる。

不祥事の背景に「選考採用」が

清掃の現場で五年間管理職として働いた経験をもつある職員は、同職場在任中、職場の規律を維持するのに苦労したと話す。公務員として不向きというだけでなく、一社会人としてもその資質に首を傾げさせられる人物が選考採用で入ってきているからだ。職務上必要な指示に従おうとしない、無断欠勤を平気で続ける、暴力を振るう……。無断早退は珍しくなく、勤務時間中の花札、マージャンも常態化しているところもある。

「ひどい場合、まず仕事に出てくるよう指導しなければならなかった職員もいた。これが役所での出来事ですか」と元管理職員は真顔で話す。

また、若い職員の中には他に就職先を探す機会もつくらず、はじめから市に就職するのが当然のように思って入ってくる人もおり、選考採用が、住民の自立や本当の意味での「雇用促進」に役立っているのかは疑わしいと感じたという。

もとより選考採用された職員の大部分は真面目に働いているに違いないだろう。だが、ほんの一握りの職員の問題行動としてすまされるはずのことが、一九六〇年代当時と比べて質的に変化を遂げた同和地区住民の実態を無視して続けられる不合理な市の採用制度により、結果として同和地区住民全体に対するマイナスイメージを社会的につくり出していることは確かだ。

これだけ選考採用者の関与した事件が続発しているのを目の当たりにした人に向かって、地区住民に偏見をもってはいけないと求めるのはかなり無理がある。ましてそう「説教」する当人が行政関係者、解放同盟関係者では、聞かされるほうは白けるばかりだ。同和問題の解決のためということで、実態を無視して延々と続けられている施策の数々は、よく指摘されるように住民の自立を阻んでいるだけでなく、同和問題に対する市民的理解も歪めているように思う。

だが、不祥事はもちろん問題だが、それ以前の問題として問わなければならないのは、事実上運動団体に採用権を与えた形になっている同和選考採用制度である。

新しい「部落産業」

「行くとこ（就職先）がない。仕方ないから公務員にでもなろう、そう言って選考採用で京都市職員になる人もいるんですよ」

解放同盟京都市協の役員を務めたこともある原田修さんは自嘲気味にそんな話をする。同和対策事業が、社会の実情が大きく変わった今日においても引き継がれた結果、さまざまな弊害を生んでいるが、とくに選考採用の場合、地区の子どもたちにマイナスの影響を及ぼしている面も強いと原田さんはみている。進路選択において安易な風潮が広がってしまったという。

選考採用によって、京都には「市職員現業職」という新しい「部落産業」が創出されてしまった感がある。一九八四年時点で同和地区全体の有業者に占める市職員の割合は男で四三%、女で三〇%だから(京都市部落実態調査研究会「中間報告書」)、今日の比率はそれ以上にすすんでいるだろう。

原田さんの住む地区では、住宅整備や高校進学率、就労状況など同和対策事業で目標にしていた水準を一九七五年頃にはとっくにクリアしていた。それは確かに運動の成果だった。だが解放同盟の運動方針は、八〇年代に入っても九〇年代に入っても変わることはなく、ひたすら同和施策を要求する行政闘争の継続だった。選考採用だけでなく、七〇年代には必要だった施策も今日では有害無益になってしまったものもある。住民や環境の変化に運動や行政の対応がついていっていない。

「そういった施策が今、部落問題の解決に効果を発揮するとは思えない。その日の生活にも困っているという人も確かにいますよ。でもそれは圧倒的少数です。そういう人たちの生活は保障したうえで、圧倒的多数の人が現状から考えるべき課題は多い」

原田さんは今、周囲に、施策からなるべく離れた生活をしていこうと呼びかけている。しかし、組織的な動きになってその方向に流れていく状況ではない。

「自分の負担を増やしていこうというわけですから難しい運動です。でも今やっとかないと事態は悪くなるばかりですから」

それでも原田さんは地区にとどまり、新しい運動の流れをつくっていきたいと話す。

選考採用をはじめとする施策によってさらにいびつな状況がつくり出されている。部落問題、同和行政について語る場合、ともすれば地区住民をすぐに解放同盟と全解連に色分けしてしまう傾向がよくある。だが地区住民の多くはそのどちらにも参加していないし、住民自身も両者の違いを必ずしもはっきり意識しているわけでもない。

近藤浩一さん（二六歳）は数年前、市職員に採用されたが、その何カ月か前まで地区には解放同盟と全解連という団体があって、お互い対立しながら運動していることすら知らなかったと言う。運動団体の存在を知ったのは転職を考えたことがきっかけだった。学校を出て何年間か民間の職場で働いていたが、京都市の職員になれる方法があることを親から知らされた。選考採用のことである。

しばらくすると、近藤さんの親の知り合いに全解連の役員がいて選考採用に推薦してもらえそうだということになった。ある日、全解連支部の住宅関係での対市交渉に参加するよう役員から言われ、その交渉の終わったあと、全解連に入会した。

「正直言って全解連でなくてもよかった。もし解放同盟に知り合いがいたらそっちに入っていたかもしれない。市の採用が決まったら団体を辞めようと思っていたくらいだから」

近藤さんは今では熱心に全解連の活動をするまでになっているが、採用が決まった途端、活動に全然顔を見せなくなる人もいるという。

住民にとって運動団体に入る大きな魅力の一つは選考採用に推薦してもらえるということ、この魅力によって組織を大きくしてきている。それはまぎれもなく現実だ——ということばを取材を通して解放同盟、全解連双方の役員の口から聞いた。

またこの両者は、全国的にみてもそれぞれの組織で最大規模の青年部を有している。選考採用の実態とその吸引力から考えると、それは一概に誇るべきことではないだろう。

Ⅱ　崩壊――ジャンキー公務員

無断欠勤・行方不明、勤務中にパチンコ店でアルバイト

同和対策事業の一環として、運動団体の推薦者を「公務員としての適性」にかかわりなくノーチェックで市職員にしてきた結果、市政そのものに重大な歪みが生じてきている。大量の技能・労務職員を抱える環境局(旧清掃局、一九九八年度から名称変更)で、毎年のように懲戒免職者を出しているのは、その歪みがもはや取り繕うことができない段階まで深刻化し、表面に噴き出しはじめた結果だと言える*。

*――京都市の技能・労務職員は一九九八年現在、約六五〇〇人いる。歪みが深刻化しているとはいえ、新聞沙汰になる事件を起こす職員は、総職員数からみるとほんの一握りであるということを、誤解のないよう註記しておきたい。

清掃局は一九九七年五月、過去三年間に延べ二一人を懲戒処分にしたことを明らかにした。内訳は、分限免職二人、三日間から一カ月の停職一四人、戒告三人。処分の理由は無断欠勤が大半で、他にアルバイトなどだという。たとえば、無断欠勤し二カ月以上も連絡

がつかず、行方不明になった職員二人が分限免職。深夜に民間の清掃会社で一年以上ごみ収集の仕事をしていた職員が三日間の停職。約五カ月間パチンコ店でアルバイト、しかも「早帰り」し勤務時間中に働いていた職員が戒告処分、という事例がある。なお、これとは別に同時期、清掃局では、覚せい剤使用、強姦未遂、ピストル発砲事件などに関与したことを理由に七人が懲戒免職処分を受けている。

二一人のうち半分以上の一四人が一九九六年度の処分であることについて京都市幹部は、「年々、厳しく対処した結果、処分件数が増えた」(『京都新聞』一九九七年五月二一日付夕刊)と説明する。これまでは多少の無断欠勤やアルバイトなど処分の対象にしてこなかったということか。

処分を明るみにしたあとの京都市のコメントは次のようなものだった。

・井尻浩義総務局長「あってはならないことだが、アルバイトの事実があり、処分した。本年度(一九九七年度)に入って処分したケースはないが、いっそうの綱紀粛正に努めていきたい」(同前)

・大森寿人総務局人事部長「服務規律の徹底を厳しく指導しており、今年度は処分はない。しかし、市民の公務員への信頼を著しく損なう行為に対しては、今後も厳正に処分する」(『読売新聞』一九九七年五月二二日付)

両者とも本年度は処分事例が発生していないことを強調しているが、処分人数を明らかにした時期はまだ年度がはじまったばかりの五月末のことなのである。予想に反して、と言うべきか、清掃局ではこの年も処分者が続出することになった。

註——総務局長、人事部長とも「本年度に入って処分したケースはない」と強調していたが、実はこの時点ですでに停職一人、戒告二人（いずれもアルバイト）の処分者を出していたことが、その後の取材でわかった。処分者が多すぎて混乱していたのかもしれないが、担当局長・部長が処分の事実を正確に把握していないとは、お粗末な話だ。

「選考採用」者事件ファイル97／98

先に一九九五、九六年の二年間に表沙汰になった京都市職員（「選考採用」者）による詐欺、窃盗、婦女暴行、殺人（未遂）、覚せい剤使用といった信じがたい犯罪の数々について紹介したが、それ以降（九七、九八年度）の事例とそれに対する京都市のコメントを、以下新聞記事から採録してみよう。

▼①職員が覚せい剤使用容疑で逮捕、起訴（記事の見出し、以下同じ）

〈京都市清掃局の職員が六月末、覚せい剤取締法違反（使用）の疑いで桂署に逮捕されていたことが、六日わかった。

逮捕されたのは清掃工場職員J容疑者（三四）。同署の調べでは、J容疑者は六月下旬から同月二十五日の間、市内などで覚せい剤を使用した疑い。

同署によると、J容疑者は六月二十五日、相談事で同署を訪れたが、言動が不審だったため尿検査をしたところ、微量の覚せい剤が検出された、という。（略）

井尻浩義・市総務局長は「五日に初めて逮捕を知った。早急に処分を検討する」としている。また、山本脩・清掃工場長は「こういうことが二度と起きないよう、さらに職員の自覚を促していく」と話している。〉（『京都新聞』一九九七年七月七日付）

〈稲津国男・市清掃局長は七日開かれた市議会厚生委員会で、「市政への信頼を損ねかねない事態で、市民に心からおわび申し上げたい。市挙げて服務規律の確立に努めている最中で、当該職員については厳正に対処する」などと陳謝した。〉（『読売新聞』一九九七年七月八日付）→J職員はその後懲戒免職処分。

▼②京都市職員　また覚せい剤容疑

〈京都府警太秦署が七月下旬、京都市清掃局の清掃事務所職員、K被告（二九）を覚せい剤取締法違反（使用）で逮捕、京都地検が起訴していたことが四日、明らかになった。本人が容疑を認めたため同市は一日付けで懲戒免職処分にした。（略）

起訴状によると、K被告は七月一六日ごろ、京都市右京区のテレホンクラブで覚せい剤約〇・〇三グラムを水に溶かして自分の体に注射した、とされる。

大森寿人・人事部長は「個人生活上の問題だが、市全体の信用失墜につながり非常に残念だ。日常の勤務を通じて指導を徹底したい」としている。〉（『朝日新聞』一九九七年八月四日付夕刊）

▼③一九九八年に入ってから、クリーンセンター（清掃工場から改称）職員による汚職事件三件が相次いで発覚した。二人の職員（懲戒・諭旨免職）が収賄容疑で逮捕、起訴され、現在公判中。これに関し京都市は関係職員の処分を発表した。停職、減給、戒告の懲戒九人、厳重文書戒告七人という処分。懲戒処分のうち戒告を受けたのは監督責任を問われた環境局長だった。
桝本頼兼《よりかね》市長のコメント〈「服務規律の厳正化に取り組んでいたなかでの事件だけに、慚愧《ざんき》の念にたえず、改めて市民の皆様に深くおわび申し上げます」〉（『朝日新聞』一九九八年九月一〇日付）

▼④**環境局職員が覚せい剤**
〈京都市環境局まち美化事務所（清掃事務所から改称）の職員が、四月中旬に覚せい剤取締法違反（使用）の疑いで下鴨署に逮捕され、五月末に懲戒免職処分になってい

たことが、十二日分かった。
下鴨署によると、この職員はL被告(二九)。四月中旬に京都市内で覚せい剤を使用したとして、四月十六日に逮捕され、同二十七日に起訴された。
市環境局によると、L被告が、面会した市関係者に対し、覚せい剤を使用したことを認めたため、五月二十九日に懲戒免職処分にした、という。(略)
相次ぐ職員の不祥事の発覚に、仲筋邦夫・同局理事は「職員が大きな社会問題になっている覚せい剤に手を染めたことは、とても残念だ。昨年も同様のことがあり、注意を喚起してきたのだが。汚職事件とともに、市民に対しての信用を失墜させてしまったことをおわびしたい」と話している。〉(『京都新聞』一九九八年六月一三日付)

▼⑤職員と業者に　家族にも配ります
〈汚職事件など相次ぐ不祥事の再発防止に向け、京都市は十五日、職員向けの啓発パンフレットを作成した。また、同日から一ヵ月間を「公務員倫理感覚向上特別強化月間」とし、全職場で啓発パンフなど研修教材を活用し、不祥事根絶に取り組む。

パンフは「一杯のコーヒーから」と不祥事のきっかけや要因を分かりやすく解説するとともに、不祥事を起こさない職場づくり、刑罰や処分の厳しさを示した。また、公務員としての自覚と業者への注意を促し、職員自身が問題を早期発見できるよう「自

己診断チェックリスト」を設けた。〉（『京都新聞』一九九八年七月一六日付）

▼⑥なぜ不祥事続発　京都市環境局職員暴行事件

〈今度は暴力事件――汚職や覚せい剤の使用で逮捕されるなど職員の不祥事が相次ぐ京都市環境局で五日、他部局の職員への二件の暴力事件が明らかになった。（略）

この日の財政・総務委員会で、委員が「環境局職員が先月、暴行事件を起こしている」として市側に説明を求めた。井尻浩義・総務局長は「詳しい状況は調査中だが、適正に処置し、市民との信頼を取り戻したい」と述べた。（略）

同局の仲筋邦夫理事は「信頼の回復に取り組んでいるさなかだけに、憤りすら感じる。今後も粘り強く職員の自覚を促す」と話している。〉（『読売新聞』一九九八年八月六日付）

この日の市議会財政・総務委員会で取り上げられた暴力事件とは、次のようなものだった。

▼⑦京都市職員　傷害の容疑

〈下鴨署は十八日、京都市隣保館の職員を殴ってけがを負わせたとして、同市環境局まち美化事務所職員のM容疑者（二七）を傷害の疑いで逮捕した。

調べでは、M容疑者は七月十六日夜、左京区田中の養正《ようせい》隣保館近くの路上に駐車しようとした際、別の車が駐車してあったことに腹を立て、同館に「適切な処置をしろ」と要求。対応した主任（四三）を殴って顔に二週間のけがをさせた疑い。M容疑者は容疑をほぼ認めているといい、市は処分を検討している。〉（『朝日新聞』一九九八年八月二〇日付）

▼⑧傷害などの疑いで市職員を書類送検
〈川端署は一日、京都市の隣保館長（五四）に暴行を加えたとして、同市環境局クリーンセンター職員（四九）を、弟（四七）とともに傷害と公務執行妨害の疑いで書類送検した。

調べでは、二人は今年七月二十五日午後、親類が住んでいた左京区の市営住宅周辺の植え込みが伸びていることに腹を立て、最寄りの隣保館に勤務するこの館長を呼び出し、顔を殴るなどした疑い。〉（『朝日新聞』一九九八年九月三日付）→同職員はその後、停職二〇日の処分を受ける。

▼⑨暴行の京都市職員を再逮捕　覚せい剤容疑

⑦のM容疑者は、その後、別の容疑で再逮捕された。

〈京都市環境局の職員が別の部局の職員を暴行していた事件で、京都府警下鴨署は二十九日、環境局まち美化事務所職員、M容疑者（二七）を覚せい剤取締法違反（使用）の疑いで再逮捕した。M容疑者は今月十八日、職員への傷害容疑で逮捕され、その際の尿検査などで覚せい剤の使用がわかった。容疑を認めているという。同市は二十八日、M容疑者を一か月の停職処分にした。

同市環境局では今年度に入って、ごみ処理をめぐる汚職事件や不正計量問題、別の職員の覚せい剤取締法違反事件など不祥事は続出している。〉（『読売新聞』一九九八年八月二九日付）

Mは結局懲戒免職処分となる。公判や検察などでの供述によると、Mは一九九五年七月に京都市職員になったが、それ以前に薬物（シンナー）使用の前科があり、元暴力団員でもあった。市に就職した翌年から覚せい剤を常用するようになり、逮捕される前は一週間に一回は注射していた。しかも一回に使用する覚せい剤量はかなりヘヴィーで、通常の四倍以上にもなる〇・一三グラムだったという。

また、公判での本人の供述によると、隣保館職員を殴った翌日（七月一七日）、自宅を訪れた隣保館長から、暴行事件について警察に被害届を出した旨を告げられている。となると当然近いうちに警察から出頭の呼び出しがあることが予測されるが、Mはそのあとも覚せい剤使用を続けるという「不敵」な行動をとっていたこともわかった。

一九九八年一〇月一五日、左京区の京都会館で、京都市自治一〇〇周年の記念式典が行なわれた。桝本市長は、「時代は大きな転換期を迎えている。市民と行政とのパートナーシップによって、分権時代の新しい地方自治を切りひらく契機にしたい」と高らかにあいさつ。新たに名誉市民になった裏千家家元の千宗室氏、哲学者の梅原猛氏をはじめ、三五七五の個人・団体を表彰した。

恥ずべきことに、このはなばなしい式典のまさに同じ日、またしても次のような事件が明るみになった。

▼⑩京都市職員を逮捕　覚せい剤使用の疑い

〈西陣署が、京都市環境局クリーンセンター職員、N容疑者(三九)を覚せい剤取締法違反(使用)の疑いで逮捕していたことが一五日、分かった。

調べでは、N容疑者は今月初め、自宅近くに止めた車の中で、覚せい剤を使用した疑い。任意提出した尿から、覚せい剤の反応が出たため、八日に逮捕した。

「知人が警察に捕まったと聞いたので、覚せい剤を処分しようと、車の中でコーヒーに入れて飲んだ」などと供述しているという。〈略〉〉(『毎日新聞』一九九八年一〇月一六日付)

幻覚に見舞われて働く

「その日は仕事の日でしたので、朝近鉄の丹波橋駅から電車に乗って仕事場である清掃工場に向かいました。私は電車に乗っているとき覚せい剤の影響からか、妻が拉致されている、という考えがずっと頭にありました。特に誰に拉致されているというわけではなく、とにかく誰かに捕らわれているというように思っていたのです」

ファイル①のJ職員は、自分が覚せい剤による幻覚症状に陥った末、逮捕されるに至ったときの状況をこう語っている。Jの話を続ける。

「それでもとりあえず仕事に行ったのですが、妻を助けなければならない、と思い、体の調子が悪いから帰る、と言って工場を途中で抜けました。歩いていたら途中で桂警察が目に入ったので、助けを求めるために桂署に駆け込みました。桂署でははっきり覚えていないのですが、とにかく妻を助けてくれ、という内容のことを言っていたと思います。ただ、自分が警察署に駆け込んだもののこの警察署は偽物かもしれないというふうに思い、そこから逃げ出そうとしたことも覚えています」(京都地方検察庁での供述)

Jは覚せい剤の使用は一回だけと供述しているが、警察・検察双方は逮捕時の様子や腕の注射針の痕などから多数回使用したのではないかと主張している。

ファイル②のK職員の場合は、逮捕時、次のような状況だった。

「私は昨日は仕事にも行かず、車でブラブラと走り回っていたのですが、夕方になって、私がよく行っていました西院のテレクラに入ったのです。そのときも私の感覚としては、ボーッとした状態が続いており、そのためか、なかなか女の子とも話がうまくつかなかったのですが、そのうちまたシャブを打ちたくなったことから、私がいつも持ち歩いているセカンドバッグの中からシャブと注射器を取り出して、そのときも私がシャブを打ったときに味わう、シャキッとして体が楽になる気分が得られました。

シャブを打った後は、そのテレクラで引っかけた二三歳位の女と三条通にあるホテルに入ったのですが、私自身、シャブがガンガンきいた状態であり、よく覚えていません」（太秦署での供述）

Kは覚せい剤の常習者で、一九九七年四月から逮捕される七月まで、約三〇回は使用し、とくに逮捕される直前の五日間で七回打ったことを認めている。

『警察白書（平成九年版）』によると、一九九六年の覚せい剤取締法違反による検挙人数は全国で一万九四二〇人。二年連続で大幅に増加しているとはいうものの、一般市民の感覚では、遠い存在、近づいてはならない薬物という感覚ではないだろうか。なぜこうまで、公務員である京都市職員に使用者が続出するのか。

JとKがどういうきっかけで、覚せい剤を使うようになったのか、二人の説明を聞いてみる。

「この日は、仕事の帰り、西院で一杯飲み、京都駅から近鉄線に乗って近鉄伏見駅で下車、歩いて妻のマンションに向かったのですが、途中ストリップ劇場DX伏見の近くで、三〇歳から四五歳位の男が親しげに、にいちゃん、にいちゃん。えーのあるで、えー気持ちになるで、と声をかけてきたのです。

私は酒の酔いも手伝い、何やろという興味もあったため、その男の言うことを聞いておりますと、すっきりするで、等と言いますし、私自身、いらいらしていたこともあり、嫌なことが忘れられるならと思いその男と値段の話になったのです。その男からは、チャック付ビニール袋に入った白い粒々と粉が混じったものと、注射器一本を渡され、私は代金一万五〇〇〇円を支払いました。このとき、初めてこの男が言っていた、えーのある、というものが、シャブのことだったとわかったのです」(J職員の桂署での供述)

夜道を歩いているとき、見ず知らずの男が誰かれなしに覚せい剤を売りつけるものかと、当然捜査側は入手経路を疑ったが、真相は不明である。

「私がシャブをやり始めたのは今年の三月くらいからで、テレクラで知り合った女がシャブをやっていたことから、私もシャブの買い方を教えてもらったのです。

シャブの買い方について少し説明しますと、まず、〇三〇－二××－五七五七という電話番号に電話するのです。すると中年ぐらいの男が電話に出ますので、シャブを何個欲しいか言うのです。そして待ち合わせの場所を決めて、そこまで行くのですが、最後のシャブを買った場所は、山科区のパチンコ屋の前でした。そのときもいつも来る年齢四〇歳位、身長一六五センチ位、やせ型、サングラス、一見暴力団風、白色日産シーマに乗車した男があらわれ、この男からシャブのビニール袋、一個一万五〇〇〇円で買い、注射器一個二〇〇〇円で買ったのです」(K職員の太秦署での供述)

「職場崩壊」

Jは仕事中に幻覚症状に見舞われ、Kは中毒症状のため仕事を欠勤したまま市内を彷徨《ほうこう》していた。ごく一握りとはいえ、こういう状態の人たちが公務にたずさわっていたことを知ると、背筋が寒々としてくる。

ただし、こういった事件で、現場の管理職の監督責任を問うのは酷だ。不良職員が一人だけで、残りの職員が全員勤勉で自分の指示に忠実に従うという状況ならばともかく、現実には「職場崩壊」の様相なのだ。京都市職労清掃支部の山下明生支部長は私の取材に対し、次のように清掃職場の実態を語っている。

「ある現場では、『スヌケ』と称する無断早退が横行し、勤務時間中のマージャン、花札も珍しくない。真面目に仕事をしようと入ってきた職員も、こういった環境の中で次第に流されていくケースが多い」

　末端の管理職が二、三発殴られる覚悟で毅然とした態度でのぞめば何とかなる、という状況ではないのである。公務員不適格者を毎年雇い入れ、市トップが運動団体に及び腰である現実が転換しないかぎり、問題解決の道はない。

　選考採用という制度が、合理性、公正性を欠き、市政全体を歪めるはたらきをしているとはいうものの、実際の採用者の中には、意欲と希望に燃えて着任してくる人も多いに違いない。そういう人たちが、自分の職場には覚せい剤常用者をはじめとする不良職員がめずらしくないという事実を目の当たりにしたときの驚きと憤り、あるいは悔しさを思うと、気の毒になる。「流されていく」職員がいても不思議ではないだろう。

　J、Kの二人はともに懲役一年六カ月、執行猶予三年の判決を京都地方裁判所で受けている。かれらの年齢から推測すると、同和行政が本格化したときに生まれ、施策の拡充とともに育ち、行政の不公正ぶりが突出した時期に成人した。その間いろいろな同和施策を受けてきたと想像される。そしてその象徴でもある「選考採用」で市職員になったものの、覚せい剤で捕まり、役所を追われた。二人の人生にとって同和行政とはどういう意味をもっていたのだろうか。

Ⅲ　腐敗――京都市役所の「闇」と「病み」

運動団体からみた選考採用

一九九八年八月のある日、九〇年代前半まで運動団体側の担当者として同和選考採用に深くかかわった元幹部を訪ね、その実情を聞くことができた。インタビューには匿名を条件として応じてもらったので、ここではZ氏と呼ぶことにする。

――選考採用はどのような手続き、流れで行なわれるのか。

Z　年明け早々の、そう、松がとれた時期かな、一月中旬から下旬にかけて、その年四月以降の採用について当局から、人数、職種が提示される。この採用枠は単年度分ではなくこの先二年度分だ。当局が何にもとづいて、その人数、職種を決めていたのかはわからん。ぼくがかかわっていたときは、それに対して、人数が少ないとか、この職種はあかんとか注文をつけるということはなく、「それで結構です」ということでもらった。だいたい二年分で五〇～六〇人だったな。

採用時期は四月だけでなく、その年の四月、七月、一〇月、次の年の三月と、年間四回くらいに分けられている。

――試験は年四回やっていたということか。

Z いや、試験なんてあれへんかった。

――そんな馬鹿な、試験もなしに採用を決めていたのか。

Z まあ一応、簡単な面接と、現業職ということで体力測定があったが、それは試験と呼べるようなものではなかったし、受けるほうもそういう認識はなかった。履歴書を提出するだけでよかった。「雇用」(同和「選考採用」)専用の申込用紙のようなものもなく、市販されている履歴書を書くだけやね。まともな試験が行なわれるようになったのは、最近になってからや。

当局から採用枠が示されると、これを組織に持ち帰って、各支部に割り振ることになる。割り振る基準は、その支部の前年度の奮闘ぶりと組織規模、さらには地域内での対立団体との力関係等々だったな。支部に割り振ったあとは、誰を推薦するかということについては各支部に一任していた。

――支部ではどうやって推薦者を決めるのか。

Z まず支部員であること。第二は支部員として頑張っている人の子どもやな。さらに、支部員として頑張っている人の紹介者。紹介者とはその人のいとことか、親戚の子とか、そういう人。これは支部員でない場合もある。

一応京都市の同和対策は属地属人主義（同和地区に居住する部落出身者を施策の対象とする考え）で行なってきている。推薦者のなかには、地区出身者でも居住地が地区外というもんもおった。ただし、地区と何の関係もないもんが推薦されるということはなかったと思う。

――推薦を受けるのは若い人ばかりか。

Z　ぼくのやっていたときはそうやった。高校を出てすぐとか、卒業直前の人とか。いま組織には若いもんも大勢いるが、市に採用されるのが目的で加入してきているもんがほとんどというのは、残念ながら事実やな。本人というより、支部で頑張っている大人が息子、娘、甥っ子、姪っ子を市に入れるための手段としてそうさせている。

極論かもしれんが、支部で頑張っている人は、部落問題の解決云々というより、自分の身内の就職のためにやっている、そういう動機の人が多いやろな。私はこれだけ頑張っているのやから、うちの息子を入れてもらうのは当然や、そうしてもらわんとかなわんわと主張する人はぎょうさんおる。地域の実態からみて、基本的にいまの若い人が解放運動に参加する必然性も動機もないと思う。

――ある支部の青年部には約八〇人いるそうだが、しかし全支部で二年間に五〇〜六〇人という程度の枠だったら、組織に入ったものの自分の推薦の順番が回ってくるまで数年待たなければならないということになるのか。

Z　そうやろな。八〇人のうちすでに市に入っているもんもいるので、全員が「待機組」というわけではないが。この点で組織の問題として言いたいのは、高校なり大学なりを卒業したけれども思うような就職口がないという人が地区におるとする。ところが自分の地域には公務員になれる窓口、解放同盟であろうと全解連であろうと、とにかく窓口がある。いい悪いはべつとして、その人が市に入りたいと思えば、そのために運動団体に入るということはありうると思うし、そういった人を運動団体の側も受け入れるということもありうると思う。ただし問題なのは、市職員になるまでの一年か二年の「待機」のとき、その人を迎え入れた組織として、組織の理念や方針をきちっと伝え、ある意味では不純な動機で、つまり就職の窓口で入ったけれども、本来そういう団体ではないんだ、そのための運動ではないんだという意識をもたそうとしてきたか。そういう問題がある。しかし現状は逆で、二年待ったけどあかんかった、けど来年は必ず入れるからもうちょっと頑張ってくれ、そういう引き留め方をしている。

――その少ない枠をめぐって支部内でもめるということもあるのか。

Z　そういうことも過去に何回かあった。二月か三月に市協から各支部への人数の割り当てが終わったあと、支部がもめ、その年の夏前くらいまで支部が立ち上がれない状態になることもあった。青年には純粋なところがあって、就職のために組織に入ったけれども、まじめに支部の活動に参加する人もいる。そうするとな、そんな人のなかには、組織の活動は面白いけど、採用をめぐっておっさん連中がもめておることに嫌気さして組織から離れていった人もいるな。

地区住民が要望しているのか

――運動団体にとって選考採用はどういう意味があるのか。これを手放すといまの組織は維持できないのか。

Z ぼくが在任中論議していたのは、「雇用」(選考採用制度のことを運動側はこう呼ぶ)というのは、早くやめなければならない性格のものだ、ということやった。対立する運動団体との対抗上、こちらにも「雇用」の窓口を開かせるよう行政に要求していったのは、当時(一九七〇年代半ば)の情勢のもとではやむを得ない面があったことは認める。また、地区の中高年層、あるいは三〇代の人も失対事業で働かざるを得ない状況で、そういった人を現業であっても公務員にすることで経済の安定、生活の安定に一定の効果があったことも事実やと思う。実際に市職員になった人のなかには、生活が安定したことによって、経済面だけでなくいろんな面で立派に自立した人間になった人は大勢いる。かれらにとっては、まぎれもなく「雇用」は大きな力になった。しかし、効果があっても適当な時期にこの制度の見直しができなかったのは厳然とした事実やな。

ぼくは思うのだが、運動団体として、地区住民の就労状況が悪いのであれば、「雇用創出」

の運動をやればよい。京都市内には多くの大きな企業がある。そういう企業に働きかけて働き口を増やす運動をやればよいと思う。一九六二年に伏見の大倉酒造が中卒者を対象にした就職説明会で「部落民と朝鮮人は採用しない」と言って大きな問題になったことがあった。それをきっかけに就職差別反対共同闘争が全国的に発展していった。そういった国民的な運動の流れをここ京都からつくりだしていった先進的歴史がある。だがその運動の成果を広げる努力は十分ではなかった。京都市に入る窓口をいったん手に入れると、それがすべてになってしもた。住民を京都市に就職させてしまうのが運動の役割としか考えなくなった。「雇用」に効果があったことは事実だが、運動と住民の意識を歪めてしまったマイナス効果のほうが大きかったかもしれんな。

「雇用」というのは一種の「権力」やね。その権力の前で住民がものが言えない面は否定できんわ。いまあの幹部に逆らうようなことを言えば、来年自分の順番は回ってこんようになる、一年遅れるとかね。何か支部の取り組みがあったとき、それに参加するのを断った場合、自分の点数が悪くなると考えるようになる。実際にその支部が、そんなことで「雇用」の順番の上下を決めているかどうかは別にして、そう思わせてしまう構造を「雇用」は地区内につくってしまっている。だから支部の方針に反対意見をもっていても、役所に入るまでは黙っていよう、ということになる。

――選考採用をいつまでも断ち切れない理由は何か。

Z　たとえば職免や補助金の場合、断ち切ったとしても、市協や支部の活動に影響が出るかもしれないが、個人の生活に影響することはない。ところが「雇用」は断ち切ると確実にその影響を受ける人、つまり市に入れない人が出てくる。現に何年か先まで「待機」しているんやから。そこは大きな違いであり、大きな困難だ。

しかし忘れてはならないのは、市内のどこの地区でも解放同盟、全解連あるいは自由同和会、この三団体の会員を全部合わせても、地区では一握りの割合でしかないということや。圧倒的多数は運動とかかわりをもたない人。そういった住民にとって、「雇用」をはじめとするいまの運動は、どういうふうに映るかということを考えてみるべきだろうな。自分とこの組織としては根幹にかかわる重大問題かもしれないが、しかし地区の中でも「雇用」は合意が得られている制度なのか、本当に望まれている制度と言えるのか。まして地区外の市民の目にどう映っているか。

「選考採用」という差別

――京都市のほうから、たとえば本当に就職に困っている人を推薦してくれ、公務員としての適性を考えてくれといった要望を受けることはなかったのか。

Z　そういうことはいっさいなかった。すべて運動団体まかせや。京都市が唯一断ってくるケースは、健康上の問題やな。とくに胸の病気をもった人。それ以外は事実上フリーパスや。「雇用」がはじまった当初は、地区住民の生活の安定という目的だったはずやけど、これまで話したように、いまの実態はそんなこと関係なしやね。

——採用される人の中には、こんなやつが公務員になるのか、と思わざるを得ない人もいるのか。

Z まあ、おるやろな、正直言って。現実にそのことでいろんな社会問題が起こっているんやから。ただし、ひとこと言いたいのだが、「雇用」で入ったすべての職員が悪いという言い方はしてほしくないな。悪いことをしているのは一握りの人間にしかすぎない。公務員がまじめに働くのは市民からすればあたりまえのことで、それ自体あえて強調するのはおかしなことだが、そういったことは知ってほしい。

いまの「雇用」はもちろんやめるべきだが、現業職の選考採用は、業務の性格からみて必要な面がある。しかし、選考採用であろうがなかろうが、意欲のある人なら自由に応募できて、市が主体性をもってその人を選考し、しかもその選考の基準がオープンにされる。そして、市の判断で雇い入れた職員が何か不祥事を起こしたときは厳正に対処する。要はそういう行政としてあたりまえのことをするかどうかやと思う。

京都市側としては、運動団体のもつ弱さにつけこんで、市民全体を対象とするのでなく、雇用対象を同和地区住民に限るとか議員推薦を必要とするとか条件をつけ、市民の中に分断を持ち込んでいる。それに乗ってしまう運動団体の責任は大だけど、それ以上に大きな責任は京都市側にあると思う。出自によって雇用の条件をつけるのは明らかに法の下の平等に反するのと違うか。団体の推薦を受けたもんだけが、他の市民を排除して、優先的に公務員になれるなんて明らかにおかしい。市は差別をするなと市民に呼びかける一方で、自らはこのような差別をしているんや。そうと違うか。

第三章　「同和」の錬金術

I　脱税――潤沢な運動の資金源

解放運動の資金源

部落解放同盟の資金源は、その時どきによって、あるいは府県連によってさまざまだが、大阪や京都など主要府県連においてその中心を占めているのが、「業者運動」による集金活動であろう。各府県連には、業者で構成する「部落解放企業連合会」（企連《きれん》）を傘下に抱えており、ここの専門スタッフが、会員業者からの経営や営業などの相談に乗っている。なかでも主要な活動は、確定申告である。会員業者は企連を通して申告書類を一括して税務署に提出して納税することができるのである。企連は、建前では部落の零細業者会員で構成されている。その会員から徴収する会費やカンパが莫大な金額に上るのである。

部落の零細業者から集金した金が、なぜ運動の主要な資金源となり得るほど莫大なのか。企連の会員は、必ずしも零細業者ばかりではない。部落出身の事業家には大きな利益を上げている者もいる。また、部落とは何の関係もない業者、あるいは業者でもない個人資産家なども加入しており、企連は、彼らの税務申告時の「節税」指導により、その見返りとして巨額なカンパを得ているのである。

か。

「節税」指導、「業者運動」というと聞こえがよいが、実態は「脱税」である。どういうことか。

一九六〇年代終わりから七〇年代初めにかけて、各地の解放同盟と国税局は、「七項目の確認事項」と呼ばれる取り決めを交わしている。解放同盟やその関係団体（各府県連の企連など）を窓口にした税金の申告内容については、税務当局は全面的に認める、というのがその中心的内容。調査が必要な場合も企連と協力して行なうことになっており、これでは事実上当局による事前調査も事後調査も反面調査も行なわれることはない。どのような申告でも黙って通してくれるとなれば、「節税」＝脱税のやりたい放題、事業者にとっては夢のような「確認事項」である。

一九六八年一月三〇日、全国に先駆けて交わされた、解放同盟大阪府連側と大阪国税局との「七項目の確認事項」は、当時の解放同盟大阪府連の機関紙によると次のとおりである。

・国税局として同和対策特別措置法の立法化に努める。
・租税特別措置の中に、同和対策控除の必要性を認め法制化をはかる。それ迄の措置として局長権限による内部通達によってこれを処理する。
・企業連が指導し、企業連を窓口として提出される確定申告については（青白を問わず）全面的にこれを認める。

・同和事業については課税対象にしない。
・国税局に同対部を設置する。
・国税部内において全職員に同和問題の研修を行う。この際企業連本部と府同対室と相談してこれを行う。
・協議団の決定も、局長権限で変更することができる。
（『解放新聞大阪版』一九六九年二月一五日付）

実際にどれだけの規模、金額で「節税」＝脱税がなされているのか、当然のことながら表沙汰になることはない。ただし、それでもときおり、何かの事情で脱税事件として摘発され、その捜査資料、裁判資料などを通して一端を垣間見ることができる。

二〇〇一年暮れ、京都市中京区内のホテルのラウンジで、私は白井剛に会った。一九九六年に露見した約一一億円もの脱税事件で、仲介役をつとめた部落解放同盟員である。歳は六〇前後。小柄で、ときおり語気強く攻撃的なせりふを吐くものの、全体に口調は穏やか、一見温厚そうな印象さえ与える人物だった。

「わしもいろいろやってきたが、解放同盟幹部連中は、もっと批判されるべきことをやっている」

白井は私に会うなり、そう言って自らが関与した脱税事件についてしゃべりはじめた。そして話の最中何度もこう繰り返した。「あの事件は、解放同盟の名前を使わんかったからめくられただけや。使ってたらどういうことにもならんかった。隠れて自分だけええ目しようとした奴がおったから、こういうことになったんや」

数年前、部落解放京都府企業連合会（京企連）幹部がかかわった事件を通して、その実態をご覧いただこう。

申告書を見て愕然

「こんないい加減な申告をしてしまって、私は前田さんにだまされたんだと、そのときは強く感じました」

京企連（部落解放京都府企業連合会）会員・前田稔から渡された書類の中身を確認したとき、岡田孝典はそう思ったと、後に起訴された公判で供述している。

岡田は大手健康飲料販売会社役員。母親を亡くしその遺産を相続することになったが、一一億円近い相続税は、京企連を通して税務署に申告する手はずになっていた。その窓口になったのが、京都市内で建設会社を経営し、自らも解放同盟（京企連）東三条支部員の前田だった。

ところが申告期限ぎりぎりの一九九三年五月一四日、左京税務署で手続きを済ませた前田から受け取った申告書控、納付書などの書類一式には、信じられない数字が並んでいた。

《課税価格＝二億七〇〇〇万円、相続税納税額＝六〇一五万円》

岡田が実際に相続した遺産の課税価格は、不動産や株式、預貯金など一九億四〇〇〇万円、相続税額は、京企連に持ち込む前に知り合いの税理士に試算してもらったところ一一億円あまりになるはずだった。つまり、それぞれ七分の一、一八分の一に過少申告、脱税率は九五％にもなってしまう。

株券だけでも四億円近くは持っている。申告した左京税務署は、母親の財産がどれだけあるのか把握しているはずだ。それがこんな申告で通るわけがない。書類の筆跡を見ると、素人が書いたようなもので、そこには「京企連」の判子もなかったことも不審を抱かせた。こんなウソ、通るわけがない——。

いや、そもそも前田にはそのひと月前、納税額として五億四〇〇〇万円を渡している。そこから手数料として京企連に取られるとしても、少なくとも五億円は納税されるものと思っていた。ところが、現実には四億八〇〇〇万円が京企連に抜かれた計算になる。「もうびっくりして、頭の中は真っ白になるような気持ち」だったと、後に岡田は語っている。

岡田がその理由を問いただすと、前田はこう答えたという。

「京企連を通じて左京税務署に行って、そして、相続財産はわかっていながら、いくらにしていただけるんですかということで左京税務署と相談して、今回の申告額を決めた」

税務署はすべて承知のうえで、認めてくれている。あんたは何の心配もいらないのだというわけだ。

岡田の危惧に反して税務署からは何も言ってこなかった。やっぱり京企連の力でうまく処理できたのかと思った。しかしこの三年後、岡田は前田らとともに相続税法違反で起訴されることになる。

「京企連を通すと半額でいけますよ」

岡田が母親を亡くしたのは一九九二年一一月だった。その一〇年前、母親は夫（岡田が役員を務める会社の社長）から巨額の遺産を相続していたので、自社株などそのまま引き継ぐことになった。ところが一一億円もの相続税をまともに払うとなると、会社の株か自宅の土地建物を売るしかない。周囲から将来の社長と目されていた岡田は、なんとしても株を手放すことは避けたいと考えた。そんなとき、会社の知人からこんな話を聞く。

「あるところを通じて申告すると、ふつうの税理士さんが申告するよりはるかに安い額で相続税が納められる。そこには京都でも二、三本の指に入るしっかりした税理士さんがおられて、きちっとした申告で間違いない」

一九九三年四月、岡田はその知人の紹介で前田に会った。場所は前田が社長を務める建設会社事務所だった。前田はいきなり、岡田が支払わなければならない相続税はいくらなのか、と聞いてきた。約一〇億円と答えると、自分たちに任せてもらえればその半分で引き受けましょう、と前田は請け負った。

岡田にとっての第一の関心事は、その「あるところ」を通じて申告するとなぜ安くできるのか、そもそも「あるところ」とはどういった団体なのか、ということだった。しかし前田はなかなかはっきりしたことを教えてくれない。それでもしつこく質問すると、前田はようやく説明しはじめた。

「岡田君は京企連を知っていますか。京都府企業連合会、縮めて京企連というのだが、そこを通じて申告すると税額が安くなるんです。これは本当はあまり人に見せたらいかんのやけど」

そう言いながら、奥のスチール棚の中から一〇〇ページくらいの本の一部をコピーして、岡田に見せた。一九六八年、大阪国税局と解放同盟・大企連との間で交わされた「七項目の確認事項」だった。

同和団体に対して、こんな税金の優遇措置があったのかと驚かされたが、にわかに納得できるはずもなく、岡田はなおも尋ねた。左京税務署は父親が亡くなった時点からガラス張りのように自分たちの財産を把握している。それでも税額を安くする手段がとれるのか。

前田はこう答えた。

「京企連にも優秀な税理士さんがおられますので、そのへんのところはきちっと処理してもらえます。京企連の運動資金等はこういう申告の手数料によってまかなわれている。もし京企連がおかしなことをやっていれば、誰も頼みに来なくなる。まして私自身がビルをいくつか持って、会社を経営している。五億くらいで逃げも隠れもしない。ぜひ信用してほしい」

但し書きは「同和運動へのカンパ」

一〇日後、岡田は同じ場所で前田に会う。会うなり前田は岡田に、この税務申告に関しては岡田には迷惑をかけないと記した念書を手渡した。前回会ったとき、岡田のほうから要求していたものだ。署名欄には、前田が京企連会員であることが明記され、前田自身の会社取締役印も押されてあった。

岡田は京企連に依頼することを決断した。数日後、事前に知人の税理士に作成してもらっていた申告関係書類とともに、手数料込みで五億四〇〇〇万円を、京企連の窓口となる前田に渡した。

五月一〇日、岡田は三たび前田の会社事務所に行き、左京税務署に提出する白紙の申告書類に捺印だけする。そのとき、前田から「解放同盟の同和運動に対するカンパ」と但し書きされた領収証を渡された。五億四〇〇〇万円渡しているにもかかわらず、金額欄には四億円としか書かれていなかった。前田は、解放同盟東三条支部副支部長の大原雄次の指示でそうしている、後日きちっとした領収証を渡すと説明した。

岡田は奇異に感じたが納得するしかなかった。ずっと後になって知ることだが、前田はこのとき、岡田から預かった金のうち一億四〇〇〇万円を密かに懐に入れ、四億円で申告を請け負ったことにして、京企連に依頼しようとしていたのだった。

白紙の申告書に押印したあと、岡田は当初申告を依頼していた税理士に会っている。そのとき、税理士からこう言われたと、公判のなかで供述している。

「岡田君のことが気になって、いろいろな人を通じて調べたことなんだけれども、と前置きされて、実はこういう団体が節税だと言っているのは、一般的に架空債務を使って税務を減らすのが常套手段として使われていると、だから脱税にあたりますと、また、こういうことは通常よくされていることでもあるとおっしゃいました。それで、左京税務署もこの件については認めてくれるみたいだし、今さらこれがおかしいということでまた、京企連のほうに持っていってもなかなか取り扱ってもらえないだろうし、お金も返ってこないと、こう言われました」

今さらもう後戻りはできなかった。

京企連のはずが右翼団体に

申告を請負った前田によると、案件が一億円までなら各支部で決裁できるが、それを超えるとなると京企連本部の扱いになるという。一〇億円を超えるケースは、そうそうあるものではない。当然甘い汁にありつこうと、さまざまな連中がこれに群がってきた。

まず、岡田から依頼を受けた前田は、前述のとおり初めから一億四〇〇〇万円分サヤを抜き、東三条支部副支部長で京企連支部企業対策部長をやっている大原雄次に、「一〇億円くらいの税対を四割でやってくれ」と取り次ぐ。前田は謝礼として大原から一億円を受け取った。

大原は、この金を京企連より大企連(部落解放大阪府企業連合会)にもっていくほうが、低い額で申告できると考え、同じ支部役員で京都市教育委員会職員の中川和夫に仲介を頼む。中川は大企連に人脈のある同支部員・白井剛を大原に紹介、大原は白井に、「三億か四億の相続税を一億五〇〇〇万円で処理してくれる人」を捜すよう依頼した。

白井は大企連関係者に話を持ちかけるが、「正規の税額なら五、六億円はするケース、とても一億五〇〇〇万円では引き受けられない。あと一億円もってくれば何とかできる」と言われる。白井は大阪の総会屋を通して同じく大阪の右翼団体幹部に頼むことにした。

その後も紆余曲折を経て、結局、解放同盟とは無関係のこの右翼団体幹部が、岡田の相続税申告を行なうことになってしまった。

ここまでの過程で、関与したそれぞれが「謝礼」「仲介料」として次つぎとサヤを抜いていってしまったため、右翼団体幹部が左京税務署に申告書を提出するときには、岡田の本来の納税額約一一億円は、六〇〇〇万円余りというとんでもないことになってしまっていたわけだ。岡田本人ならずとも「頭の中が真っ白」になる額である。

「脱税」目当てに同盟加入

このケースは京企連にも大企連にも通さずに申告してしまったことから、摘発されることになった。注意していただきたいのは、解放同盟関係団体を通して申告すれば、何も問題は起こらなかったということだ。少なくともこの脱税工作にかかわった同盟員らはそう主張している。

全体の「元請け」とでもいうべき前田は公判で次のように供述している。

弁護人　納付書の金額は見ましたか。
前田　たしか、六〇〇〇万か五〇〇〇万やったか。
弁護人　それを見て、あなたはどう思いましたか。
前田　いつもより少ないなと思いました。ふつうは一億ぐらいは納めはるやろな。一割ぐらいは納めはるのに、何で今回六〇〇〇万かなと、ちらっとそういう疑問はありましたけど。
弁護人　だけど、そう不審を抱くほどの気持ちはまったくなかったんですか。

前田　そりゃもう、支部三役のほうから本部にとおしてると信じてましたんで。

前田は最後まで、自分が「下請け」に出した大原副支部長が京企連を通して申告したものと信じていたという。

前田はこの前年、ある人物の納税を、自分が直接京企連事務局長に話を持ち込んで、通常の四割に当たる一億二〇〇〇～三〇〇〇万円で処理してもらったことがある。また、自社所用の不動産を売却したときも、京企連を通して申告したことによって大幅に安くすることができた。いずれも何の問題も起こらなかった、と供述している。

前田は一九八三年に解放同盟に加入した。それまでは自民党系の全日本同和会（一九八六年に自民党との協力関係は解消）に所属したこともあったが、同和会の税対では「脱税」として摘発される可能性があったので、同盟に移ってきた、とも述べている。

なぜ問題にならない？　京企連の脱税工作

一方、「下請け」した大原は、前田と違って活動歴二五年に及ぶ筋金入りの同盟員だった。高校生で運動にかかわり、これまで解放同盟京都市協議会青年部長、東三条支部書記長を歴任し、事件当時は副支部長（企業対策部長）として、一般同盟員と京企連との調整役を務めていた。また、京企連事務局長、理事長として、長く企業連活動の先頭に立ってきた東三条地区出身の同盟幹部とは縁戚関係にある。同盟の税金対策活動を熟知しうる立場にあった。彼の供述も紹介しよう。

弁護人　京企連に仮に話をとおして、京企連でちゃんとやっていれば、事件にならなかったという可能性はありませんか。

大原　いや、先生のおっしゃっている京企連だけじゃなしに、大企連でも問題になってなかったと、事件にはなってなかったと確信しています。

弁護人　（七項目の）合意事項などないと、国税なり税務署なりから、同盟が抗議を受けたり、こういうのを（組織文書に）載せたりしてくれるなという要求がなされたことはあるんでしょうか。

大原　大阪国税局からですか。そういうのはございません。当然同和対策あるいは同和施策の一環として、企業対策もなされるのだという確信のなかで、私はやってきました。だからできるという判断でやってきました。

弁護人　要するに税金が安くなるということですね。

大原　そういうことです。

弁護人　あなたが紹介を受けた、そして京企連にお願いした二、三件については、現に安くなっているんですか。

大原　なっています。部分によって違いますけど、（正規の）三割とかという部分もあります。

弁護人　その税金の申告が、問題になったということはないわけですね。

大原　いっさいありません。

「下請け」の大原から、大企連につないでくれるよう頼まれた白井（「孫請け」に当たる）は、私の取材に答えて、こんな「事実」を語った。

「申告後しばらくして、税務署員がわしのところへやって来た。この申告は、とても受け付けられない。しかし、解放同盟東三条支部の印鑑さえついてくれたら認めましょう。そう言ってきた」

ところが、大原は当時、副支部長でありながら、支部内部の事情から支部印を扱うことが許されず、結果、脱税事件にされてしまったのだという。

この話の真偽はともかく、これまでの解放同盟に対する扱いからみて、可能性としては十分考えられるエピソードである。

「カンパ」の使い途

解放同盟（企連）の税務申告をフリーパスで認めていること自体、いくら同和地区業者の特殊性を強調されたところで、とうてい認められるものではないだろう。百歩譲って、仮にそれを認めたとしても、次の二点において、解放同盟の「税対」は事実上利権と同義にあると断じられるべきだ。

第一、今回申告を依頼した岡田は、同和地区とは無関係の人物だった。そういう人物からの依頼を受け付けることがなぜ部落解放になるのか。

第二、企連では依頼者から「カンパ」の名目で金を巻き上げているが、なぜそんなことをする必要があるのか。そしてその「カンパ」が企連にではなく、個人の懐に入っているのだ。たとえば、この事件で二億四〇〇〇万円の「カンパ」を受け取った前田は、その金を自分の「借金の返済、遊興費、道楽に等しい社会人野球の費用に短期間で使い切った」と供述している。大原もそのデタラメぶりを次のように供述している。

弁護人　企連をとおした申告によって、あなたが今まで受け取った謝礼の中で、同和運動、解放運動のために建設的に使ったということはあるんですか。

大原　今回のこの事件に関してはありません。

弁護人　企連を通じた税対によって得られた報酬が、本当に同和運動のために使われてきたと思っていますか。

大原　本部では使われていると思います。支部でも使われていると思います。うちとこの支部で言いますと、老人にたいする対策費、あるいは夏祭り、あるいは、毎月一回はお年寄りに食事を配布してるわけですけど、そういうのを企業連のカンパから差し入れさせています。

呆れた話ではないか。たとえ、地区の夏祭りや老人対策活動に使われていたとしても、「脱税」でピンハネした金での援助など、住民にとっては迷惑な話だろう。そんな金で調達された弁当を誰が食べたいと思うか。不正な金で維持される運動など、解放運動の名に値しない。

裁判では、前田ら脱税仲介人たちは、脱税の意図はなかった、すべて国税局との「七項目の確認事項」によるものだと主張したが、受け入れられず、それぞれ有罪判決を受けている(実刑は懲役二年の前田だけ。あとは執行猶予付き)。

岡田本人も、懲役三年、執行猶予五年の判決だった。岡田は起訴後、自分と家族名義の預貯金を解約、自社株も売却して、重加算税、延滞税など約一八億二〇〇〇万円を完納した。財産処分の際の譲渡税約四億円も納めた。すべての発端だった一一億円の相続税のために、約二三億円を支払ったことになる。自業自得とはいえ、事件にかかわった解放同盟員たちの「部落解放」を口にしながらの無法・無責任とは、対照的である。

京都地裁での判決言い渡しの後、裁判官はこう言い足したという。

「巨額脱税事件で執行猶予判決を出すのは勇気がいるが、裁判官も時には、被告人の生き方にほれることもある」「(今後の人生に向かう岡田に対して)あなたならやり遂げられる」(『朝日新聞』一九九七年七月四日付)。

追及の急先鋒・野中広務議員

「同和脱税」に限らず、同和事業にかかわる不正や不合理について、議会などで追及するのは、もっぱら共産党議員と決まっているが、この問題に関しては、自民党の野中広務衆議院議員(京都四区=当時)も厳しい対応を国会質問の中で求めている。野中といえば、「小沢一郎がもっとも恐れる人物」などと一部ではその気骨ぶりが賞されるが、京都では彼の周辺にはたえずダーティーな噂が尽きない。また、地元船井郡では解放同盟系建設業者とも関係が深いのだが、この「同和脱税」についてはもっとも積極的に発言している国会議員の一人である。

一九九三年一〇月六日の衆議院予算委員会で野中は、「政治生命のすべて、私の命をもかけて」と大見えを切ってこの七項目の「確認事項」を取り上げている。

野中　昭和四三年一月三〇日以降大阪国税局と解放同盟中央本部及び大企連との確認事項が行なわれております。その後四四年一月二三日、大阪国税局長と今度は解放同盟近畿ブロックとの確認事項が行なわれて、「申告については、大阪方式を他の府県にも適用する。執行の際には中央本部と相談する」、こういう確認事項が行なわれました。

同和対策特別措置法が施行された後、昭和四五年二月一〇日、国税庁長官通達、この通達は、結局は四三年の解同及び大企連との確認事項を追認する形で、最後に、「同和地区納税者に対して、今後とも実情に即した課税を行なうよう配慮すること」、これで近畿地区だけでなく、全域に広がったのであります。

すなわち、これを利用することによって、今度は申告すればそのまま認めてもらえる、そんな器用なことがやれるんならおれも同和を名乗ろうということで、えせ同和がつくりあげられてきたことはご承知のとおりであります。（中略）

この問題が解決されないかぎり、私は政治改革の、そんなことを口にする資格はないと思うのであります。私の生命をかけてこの問題の解決を迫るのであります。責任ある答弁を願いたいと思います。

藤井裕久（大蔵大臣） （昭和）四三年の話というのは、確かに（解放同盟などから）申し入れがあったということは承知をしておりますが、それは申し入れであり、ただ今お話しの同和控除は、そのときは認められませんというふうに言ったと聞いております。

野中 そんなことを言うだろうと思ったんだ。じゃ、いま二五年間現に続いているじゃないか。これは大阪、近畿ブロックだけじゃないのよ。全国に広がっているのですよ。続いているのをどうするんですか。あなた方国税当局で勤務された人たちはそれぞれの職場でみずからの良心とたたかいながらこの問題をやってこられたはずだ。なぜこんなことが続くんだ、続くんだという自己矛盾と良心の呵責に耐えながら、残念ながらそれをやらなければ差別だと言われる一言に押されて、二五年間押し流されてきたはずじゃないか。（中略）やってないというのなら、やってない証拠を出しなさい。私の政治生命をかけ、命をかけるという以上、いくらでも材料は出してみせる。どこにどんな基金が積まれて、どこに預けられているかまで調べなければこんな質問できるか。もうちょっと腹のある、責任ある答弁をしなさい。

藤井　私はその一つひとつの事情についてよく承知をしておりませんけれども、そういうことに対しては、もしありとせば、適正に執行するのは当然のことであると考えております。

野中追及の背景には、当時の社会党を含む連立与党をこれを機に揺さぶろうとした意図があったと思われる。事実、野中は自民党が政権に復帰した一九九四年以降、国会ではこの問題を取り上げていない。それどころか一九九六年の総選挙では解放同盟京都府連のバックアップも得て、当選を果たしている。

なぜ存在を否定するのか

「同和脱税」事件発覚するたびに、「七項目の確認事項」問題が追及される。しかしその都度、国税局と解放同盟は「そんな確認事項など存在しない」と否定する。しかし、いくら否定しようとも解放同盟自身、冒頭で引用した通り、当時の機関紙『解放新聞』において、このことについてははっきり認めているのである。

一九六八年の解放同盟大阪府連と大阪国税局との交渉結果について、『解放新聞』一九六八年二月五日付でも「特別措置の要求を認める」という見出しで次のように報じている。

> 一月三十日、大阪国税局別館において、同盟代表百人余による国税局長以下部課長関係税務署長など四十五名を集めての交渉がもたれた。……その結果、国税局として次のような回答があった。
>
> ・国税局として「同和」対策を打ち出す。
>
> ・租税特別措置の中に「同和」対策を折り込むために努力する、それまでそれにかわるべき措置として、局長権限による内部通達の形で処理する。
>
> ・部落解放同盟の指導で企業連を窓口として出された白色申告および青色申告については、全面的にこれを認める、ただし内容調査の必要のある場合は同盟を通じ、同盟と協力してこれを行なう。

・「同和」事業については課税と対象としない。(後略)

また、この日の交渉では同時に、税務申告書は一括して国税局へ提出し、国税局がこれを各税務署に送付することも決められている(『解放新聞大阪版』六九年二月一五日付)。

翌年一月二三日、これが大阪だけでなく、近畿一円に広がることになった交渉についてはこう報じている(『同大阪版』六九年二月一五日付)。

交渉には、朝田委員長を先頭に各中執、中央委員、奈良、和歌山、京都、兵庫、滋賀代表、大阪企業連から岸上理事長をはじめ三〇〇人が参加。国税局からは佐藤局長ら各課長、近畿の各税務署長が出席した。佐藤局長は、申告については大阪方式を他府県にも適用する。執行の際には中央本部と相談すると回答

そしてこの記事には、「大阪方式」とは前年の交渉で大阪府連が勝ち取った企連窓口の申告は全面的に認めることなどを定めた「確認事項」にもとづく「方式」であることを解説、また、その「確認事項」も別枠で掲載しているのである。当時、解放同盟大阪府連委員長としてこの交渉を指揮した岸上繁雄(後、全解連中央本部顧問)も同様の事実を明確に書き残している(岸上繁雄著『大阪国税局交渉の経過』非売品)。

「七項目の確認事項」は闘争により勝ち取った成果であり、当時部落の零細業者の実態から見ると、多少逸脱部分はあったにしろ、成果の意義を今日の視点からバッサリ切り捨てるのは公平を欠くかもしれない。だが今やこれは、業者の営業や生活を守るという側面はなく、脱税目当ての業者と、彼らの欲につけ込み運動の資金源を確保したい組織にとってうまみのある集金システムと化しているのが実態だろう。解放同盟自身、その存在さえをも公にできないでいることが、それを物語っている。

ところで、これまで同和脱税で摘発されたのは、前述の件も含めていずれも、通常の企連ルートから逸脱するかたちで行なわれたケースなのである。つまり「本体」は依然無傷なままでいるということだ。

ヤクルト販売会社役員の一一億円脱税事件に関与した白井は、私に向かってこともなげにこう言った。

「今も実態は変わっていないな。わしの会社も京企連で申告してもらっているけど、毎年だいぶ安くしてもらってるからな」

（本文中敬称略）

II　詐取――食いものにされた事業と運動

「毎日、氏神様に祈っていた」

「六月にある運動団体の代表が（京都市役所に）乗り込み、書類が持ち出され、職員が誘拐された。職員は午後の八時か九時から夜明けまで庁外に拉致された。書類の持ち出しも数回あり、そのため（改良住宅の）入居基準が全部相手に知られ、はじめから書類を作り直さなければならないこともあった」

京都市住宅局改良事業室元課長・川村浩一は、一九七〇年代後半の市同和行政に関係する職場の無法状況について、ときおり涙で声をつまらせながらこう証言した。一九八三年四月一六日、京都市議会の用地取得等調査特別委員会（いわゆる百条委員会）でのことだ。

なぜ百条委員会が設置されたのか、なぜ川村がそこでこのような証言をするに至ったのかについては後述するとして、彼の証言を続けよう。

「これが役所かと思った。机のガラスが割られ、蛍光灯が壊された」「ろっ骨が折られた。告訴するよううりん議したが許されなかった。告訴を準備したことは三回ある」「悔しかった」

「毎日、氏神様に今日もいのちがありました。あさってのことはどうでもいい、明日も守っ

て祈っていた」(『京都民報』一九八三年四月二四日付)
川村が証言するとおり、「これが役所か」と呆然とさせられる実態である。
一九七〇年代半ば以降、同和行政は全国的に変質していった。同和対策特別措置法(同特法)が期限切れを迎える一九七九年三月が近づくにつれ、その傾向は強まっていく。「同和」とは無関係な暴力団、えせ同和団体が「同和利権」にありつこうと、群がるようになってくるのもこの時期からだ。同特法が三年延長され、八二年に地域改善対策特別措置法に引き継がれる時期に入ると、そんな同和行政にかかわる不祥事が各地で噴出し始める。
冒頭で紹介した京都市元課長の証言が行なわれた市議会百条委員会もまた、一九八三年に発覚した公金詐取事件を市議会が究明するために設置されたものだった。

市職員による三億円奪取

公金詐取の舞台となるのは京都市住宅局改良事業室と市内の同和地区である。当時の市の改良事業室は、同和地区のいわゆる不良住宅を除去して、改良住宅(市営住宅)を建設するなど地区内の環境改善事業を業務内容としていた。

一九八三年一月二〇日、公金七三〇〇万円を詐取した疑いで、市改良事業室元室長・島野進と同室元課長・川村浩一、不動産業者ら五人が、京都府警に逮捕された。

島野は改良室長在任中の一九七九年三月、同和対策事業として計画していた体育館建設の予定用地として、京都市左京区田中の土地（約七四八平方メートル）・建物を買収する名目で、川村課長らと公文書を偽造し、京都市土地開発公社に約二億七〇〇〇万円支出させる決定をさせ、内金として支払われた七三〇〇万円を騙し取ったとされる。

二億七〇〇〇万円の内訳は、土地代金一億二四〇〇万円、地上物件（工場、居宅など）移転補償費一億四六〇〇万円となっている。だが島野室長らは、土地所有者（旧大蔵省）や建物所有者と売買契約はもちろん、買収交渉も行なっていなかった。また、同地の建物に、実際にある工場、居住者に加えて、架空のリース会社が営業していることにして、移転補償費を大幅に水増ししていたのである。

調べが進むにしたがって、これ以外にも島野室長、川村課長らによる公金詐取の事実が次つぎに浮かび上がっていく。

土地ころがし①　川村が娘婿の名義で九〇〇〇万円で購入した左京区の土地を、その二週間後、体育館建設予定地として土地開発公社に一四〇〇〇万円で買収させた。

架空の借家人　土地開発公社が伏見区内の同和保育所の拡張用地を買収する際、同地にあった無人の共同住宅に住民八人が住んでいることにして、立ち退き料一二〇〇〇万円を支出させた。

診療所廃止でっち上げ　左京区の同和保育所拡張のため、同計画地の市有地を借用して営業していた田中診療所に対して、移転先として土地開発公社が買収予定の近接地内の土地購入をあっせん。その際、島野らは、診療所は移転ではなく「廃止」するかのように偽装、営業廃止補償、離職者補償などの名目に補償金約一億一〇〇万円を公社から支出させ、近接地用地買収費の不足分に流用した。そして流用後の残金二六〇〇万円、診療所から土地購入費用として受け取った二〇〇〇万円、計四六〇〇万円を詐取した。

土地ころがし②　島野らは南区東九条の土地（約四八〇〇平方メートル）を下京区内の同和地区の改良事業用地として土地代七億四〇〇〇万円、営業損失補償金六三〇〇万円――計約八億円で、土地開発公社に買収させたが、この土地は同じ日の午前中に、島野らとの連携のもと不動産会社が六億二〇〇〇万円で買い取った土地だった。一日で約一億八〇〇〇万円の「利得」。しかも、営業損失補償金（駐車場として使用されていたとされる）として計上された六三〇〇万円は島野らのでっち上げ、この土地は更地だった。

この他にも、伏見区内の解放同盟改進支部事務所を買収した際、公社が同盟市協議長夫人宛に支払ったことになっている立ち退き料のうち、八〇〇万円あまりは架空のものだったことも判明。事件は同盟幹部も巻き込む様相を見せたが、これに同盟は猛抗議、京都市は、この件に同盟は無関係と発表し、市協議長夫人と解放同盟に詫び状を差し入れて事を治めた。

「おれが法律だ。よけいな心配はいらん」

　騙し取った公金は合計約三億円に上る。まさにやりたい放題と言っていい。いくら全国的に同和行政の腐敗の度が極まっていた時期のこととはいえ、なぜこんなデタラメがまかり通ったのか。事件発覚後の一九八三年四月、今川正彦・京都市長の請求で行われた特別監査結果を見ると、当時の京都市が、不正買収、公金詐取仕組まれることを前提としているかのような執行体制を採っていたことが窺える。

　特別監査は、島野、川村らによる詐取が行なわれた一九七八〜七九年度の改良事業室が扱った土地買収事業のうち一〇〇〇万円以上の支出分四三四件を対象としている。その中には、信じがたいことに、買収費用の支出決定を受ける際、土地・建物の登記簿謄本が添付されていないケースが三七件もある。契約者と登記簿上の名前とが一致しないケースも一二件。立ち退き補償の際、居住を証明する住民票やそれに代わる証明書がないもの、住民票記載の人数と立ち退き補償の対象となった人数が食い違うなど、明らかに不自然なケースも三七件確認されている。営業補償をしながらその根拠を示す公的書類が添付されていないケースは、全体の三分の一を占めていた。

　これでは決裁件数が多すぎて、支出決定のときに不正をチェックすることが時間的にできなかったという言い訳は通用しない。不正、疑惑がもたれる案件であっても、そんなことにおかまいなく京都市と公社は公金を垂れ流し続けていたというべきだろう。

その典型は、前述の田中診療所の「廃止」工作である。田中診療所といえば、戦前の無産診療所の流れをくみ、地区内だけでなく市内でも知られた存在である。この診療所が「廃止」されるから補償金を出せと依頼されて、決裁者が不審を抱かないはずがない。特別監査結果もつぎのように指摘する。

「田中診療所の移転問題は、本市同和行政上重要な課題であっただけに、田中診療所は営業を廃止するのではなく、単に移転するだけであることは、当時決裁に関与する本市幹部が知らないはずはなく、もし注意深く添付書類に目を通せば、容易に架空補償であることを見抜けたはずである」

まったくそのとおりだ。では、診療所「廃止」補償一億一〇〇〇万円の支出の最終決定者は誰だったのか。他ならぬ当時助役をつとめていた今川市長である。今川は虚偽を承知の上だったのか、たんにぼんやりと判子を押してしまっただけなのか。

島野は警察の調べで、田中診療所移転を利用した公金詐取工作に尻込みする室職員に対して、こう厳命したと供述している。「この件で二五〇〇万円浮かせろ」「浮かせた金は、家賃対策に使う」「これは命令や。やれといったらやれ。オレが法律だ。よけいな心配はいらん。すでに決まっていることだ」(『京都新聞』一九八三年二月一〇日付)

供述にある「家賃対策」については後述する。どちらにしても、不正を容認する体制は、市最上層部にまで及んでいたことは確かだ。それゆえ、島野らは、こんな大胆な手口を実行できたのである。

運動団体に渡った裏金

ところで、島野らはなぜこれほど巨額な公金を騙し取る必要があったのか、不正につかんだ金をいったい何に使ったのか。

特別監査や市議会百条委員会の調査に対して、島野は委員会への出席そのものを拒否、川村は「改良事業を進めるためのプール資金（裏金）に使った」ことは述べるものの、事件の核心にふれる部分については証言を拒否した。

一方、市民の批判に押されて、市長自ら特別監査を命じるなど、いったんは真相解明に手をつけはじめたかに見えた京都市だったが、前述のとおり、解放同盟改進支部事務所買収疑惑判明で解放同盟にねじ込まれた一九八三年三月以降、明らかにトーンダウンする。百条委員会の調査にも、委員会から事前に証人申請されていた職員を、わざわざ当日になって出張させるなど、事実上妨害行為に及んでいる。

当の百条委員会も「調査報告書」に「このたびの不祥事が本市の同和行政にかかわって生起した重大な調査事項にかんがみ、いたずらに事を暴くというより今後の市の同和行政の公正、的確な推進を期し、このことによって毫《ごう》も同和行政が後退しないことに力点を置いて調査してきた」とあるように、徹底糾明を主張していた共産党委員をのぞけば、もとより腰が引けていた。

真相はどうだったのか。島野、川村は、詐取した公金のうち一億五〇〇〇万円分に関して起訴され、また京都市土地開発公社からも損害賠償を求める訴訟を起こされている。その訴訟の中で川村は、公金詐取の動機、背景について語っている。

（当時）同和団体等により買収価格引き上げの強い要求が起こり、それは改良事業室が要求に応じない場合は、実力をもって通すという厳しいものであり、これに対し、改良事業室は暴力に対し毅然とした方針をとらず、被買収者の言いなりの金額で用地買収を進め、基準額を上回る部分については架空費目を設定して補償するという方法が慣例化していた。

また、昭和五一年五，六月頃、改良住宅の家賃値上げ問題が起き、問題解決のため、右値上げ分あるいは値上げ反対運動を打ち出していた運動団体に対する運動資金用の裏金作りが、改良事業室の至上命題となった。（土地開発公社が起こした損害賠償訴訟一審判決より）

不正に握った金が、住民の言いなりになってつり上がった買収費に充当されていたこともさることながら、運動団体に流れていたとは……。逮捕直後の警察の取り調べで、島野がのべた「家賃対策」とは、このことだった。

解同幹部のマイホーム購入資金

一方の島野は公判中の一九八七年二月、病死したため公訴棄却となっている。だが、彼は八五年八月、京都市を相手取って驚くべき裁判を起こしている。自分が改良事業室在職中、立て替えていた運動団体に対する裏金九五〇〇万円の返還を求めたのである。

訴えのなかで、京都市では同和対策上の裏金を、改良事業にともなう買収価格を水増しするなどして、主に改良事業室が捻出することが慣例になっていたが、一九七七年二月から八〇年四月までの間に、裏金九五〇〇万円分を自分が立て替えていたというのだ。そのなかには、家賃値上げ反対運動を押さえ込むために、解放同盟、全解連幹部に渡した金も含まれており、とくに解放同盟京都府連副委員長のマイホーム購入資金二四〇〇万円を全額援助したと述べている。

島野は、このことについて、一九八三年逮捕時の取調べのなかでも供述している。「家賃値上げ反対同盟連合会」(解放同盟京都府連の反主流派が一九七八年結成。初代代表・朝田善之助)の機関紙『反対同盟ニュース』一三七号は、裁判所より取り寄せた島野の検察調書を掲載している。その一部を引用しよう。

昭和五二年の四月頃、同盟の府連特別執行委員の駒井さんに四〇〇万円、全解連の市協議長の篠本さんに四〇〇万円、更にその一〇月頃、駒井さんに四〇〇万円、昭和五三年一月頃駒井さんに四〇〇万円を改良住宅の家賃値上げ問題の工作資金として渡しております。

……駒井さんは以前養正《ようせい》地区（引用者註：左京区内の同和地区）に住んでおられたのですが、補償金を貰って地区外の山科に住んでおられました。

ところが、住む処が地区と離れたため運動に不便だから、……それで駒井さんは養正地区の近くに家を買って住みたいと云われていたのです。

同盟の市協議長の後藤富和さんが、駒井さんの住む家を買う資金援助をしてやってくれないか、そうすれば家賃値上げ問題にも駒井さんが協力的になるだろうと云われますので、二回に分けて合計八〇〇万円を駒井さんに渡したのです。

駒井のマイホーム購入資金は計二四〇〇万円で、その半額を市が裏金で援助することになっていたが、結局全額裏金でまかなうことを強要されたようだ。当時の解放同盟市協議長・後藤富和は検察調書でそうのべている（『反対同盟ニュース』一三九号より）。

昭和五四年八月頃駒井副委員長から購入した支部事務所兼住宅（引用者註：事実上個人の居宅）の残金四百万円を出してほしいと話があったことを島野室長から聞きました。購入費の半額という約束だったのに結果的には全額出させてしまいことになってしまうのですが、私としては島野室長には頼むという以外には言いようがありませんでした。

島野らの公金詐取事件に対し、当時、解放同盟も全解連も京都市を厳しく批判していた。その一方で、組織の一部幹部とはいえ、詐取した本人から裏金を受け取っていたことになる。不正の日常化、運動の裏切り……。かつて、つねに全国の先駆けだった京都市の行政と解放運動のなれの果てがこれだった。

失われた自浄能力

島野室長らが逮捕された三年後の一九八六年、またも職員による新たな公金詐取事件が発覚した。架空の立ち退き移転補償費や営業補償費などをでっち上げ、虚偽の書類をつくって公金をだまし取っていた。市当局が認めているだけでも、五件二億円にのぼり、その他疑惑が持たれているものがさらに五件三億円にも上った。

同じ年から翌年にかけては、同和対策事業を利用したカラ接待、カラ出張事件が明らかになり、一九八八年にはやはり同和事業がらみの土地代金ピンハネ事件も起こっている。

一九八〇年代以降、訴訟など「事件」としてある程度公表されているものだけでも、これだけある。いずれの場合も、その市職員個人が私腹を肥やすために犯した不正ではなく、島野が言うように「同和行政上必要な資金」念出のために及んだものだった。つまり不正事件が起こらざるを得ない構造が、同和行政の中にあるというわけだ。

不正な実態が「事件」として明らかになれば、市民の批判にさらされ、抜本的に、もしくは多少は、同和行政が改善されるものだ。だが京都市の場合、改善のチャンスを行政自ら握りつぶすという愚行を行なっている。

「島野事件」の年の六月、京都市は市長の諮問機関として同和対策事業検討委員会を設置する。従来の同和行政のあり方を見直し、今後の展望を出すための検討委員会で、委員長には磯村英一（地域改善対策協議会長として国の同和行政にかかわる）を迎えている。検討委員会はのべ一〇回の会議を経て翌一九八四年一〇月、「意見具申」を発表する。内容は、これまでの主体性の欠如した行政のあり方を批判し、同和行政の公開、地区内施設の地区内外の開放、個人施策への所得制限の導入など、当時としてはかなり思い切ったものだった。

ところが「意見具申」発表直前、京都市はこの画期的な内容すべてを空文化してしまう一文の挿入を検討委員会に強制する。委員の一人だった馬原鉄男（立命館大学教授）は次のように証言している。

そしていよいよ「意見具申」を提出する朝のことです。磯村さん（引用者註：検討委員会委員長）ともう一人の東京の委員が新幹線で京都に来る途中、「解同」の幹部が新幹線に乗り込んできました。そして「あとがき」を付けろと要求し、とうとうそれを認めさせたのです。

その「あとがき」は次のようなものでした。

「本意見具申を作成するにあたって、京都市や関係機関の資料及び関係者の意見等十分に参考にしたが、同和地区住民の意見を徴することができなかった（引用者註：解放同盟は当時、意見聴取を事実上拒否していた）。従って京都市においては今後、提言された個個の施策を実施するにあたって同和地区住民の意見を広く徴しながら十分協議し、行政の主体性と責任において進めることを望むものである」

いわば、「解同」の意見を聞きなさい、というものです。この要求を京都市当局も呑んでしまいました。私のところにも、その日の午前中に「実はこういうことになった。何とか認めてくれ」というわけです。認めなかったら、せっかくの「意見具申」が流れてしまうわけです。私は本当に内心、はらわたが煮えくりかえるような感じがしたのですが、認めざるを得ませんでした。

（「京都市の同和行政のあり方を問う」『ねっとわーく京都』一九九三年二月号）

この一文が入ったことにより、「意見具申」を受けて市が何か改善策を打とうにも、すべて解放同盟との承諾が必要となり、結局何もできなくなってしまった。「意見具申」はその先見性にもかかわらず、その後の同和行政に何ら生かされることなく、すぐに忘れ去られてしまった。

（本文中敬称略）

Ⅲ　饗宴——同和対策室の帳簿

天皇の逝く国で

手元に「63同和対策費」と書かれた帳簿（コピー）がある。一九八八年度当時の京都市同和対策室の「接待」の記録だ。たとえばそこに記載された二月分の支出のうち、飲食店関係で一万円以上の項目を抜き出してみる。

二月二日（木）モリタ屋（肉料理）＝九万六〇〇円、三日（金）天狗（居酒屋）＝一万一五八〇円、ふじ乃＝二万九〇〇〇円、四日（土）やまおか（割烹）＝一万六二〇〇円、一五日（水）祇園ひばなや（ふぐ料理）＝一一万九九〇〇円、一七日（金）おせき＝一万一五〇〇円、二一日（火）ナウ（スナック）＝七万円、二二日（水）河道屋＝一万五〇五円、サタン（スナック）＝三万一〇〇〇円、二五日（土）シスターハウス（キャバレー）＝一万一六一〇円……。

祇園の料理屋、スナックなどの名前が並ぶ。いずれも「事前協議」、つまり同和行政の内容・進め方について京都市側と運動団体役員が話し合うための支出として記録されている。

この月の一万円以下の飲食費も二八件四万七四五五円、みやげ代・餞別・ビール券代などの名目で四万四一五五円がそれぞれ支出されている。文字通り連日連夜飲み歩きながら市職員は運動団体役員らと会議していたことになる。ちなみにいま例に挙げたこの月、すなわち一九八九年二月といえば昭和天皇の大喪の礼が行なわれる（二四日）など、日本中が異様な「自粛ムード」で包まれた時期でもあった。アメリカの日本文化研究者ノーマ・フィールド氏の著作に『天皇の逝《ゆ》く国で』（みすず書房）がある。「自粛」「常識」という社会の抑圧に抵抗を貫く日本人を追った内容だ。彼らも同様に世間の風潮におかまいなく信念を貫き飲み続けていたと言えるのかもしれないが、やはりその「どん欲」ぶりにあきれてしまう。

これらの金を同和対策室は「報償費」として処理している。「報償費」は当時、その使途を明らかにすることも、領収証を提出することも、さらには事後報告をすることも必要なく、同和対策室長が自由に使うことができることになっていた。一九八八年度、同和対策室の「報償費」は三四〇万円。そのほとんどが「事前協議」を名目にした運動団体役員相手の「接待」だった。その回数、一年間で日曜、祝日も含め計三九九回にものぼる。

これは公金の不正支出だとして市民一六人が、当時の今川正彦市長、森脇史郎市同対室長を相手に三四〇万円の返還を求める訴訟を起こした。

「脱税指南」や公金詐取事件に比べれば金額は少額だが、支出先が記されたこの帳簿の行間からは、現在にもつながる京都市同和行政の腐朽した実態をかいま見ることができる。

つかみ金

一九九六年二月一六日、中野代志男・市総務局総務部長が京都地裁の証言台に立った。八八年当時、「報償費」の管理に直接たずさわる同対室管理課長をつとめていたからだ。「同和問題解決のために、地元関係者と協議が必要であった。（報償費の支出は）公務の円滑な執行に必要とされる場合に限っており、なおかつ社会的常識の範囲内で行なった」と証言する同氏だが、原告側からその接待の具体的な内容を聞かれると、「わからない」「記憶にない」としか答えることができない。

たとえばこんな調子だ。

――これは天壇西院店（焼肉店）の領収証ですね（同対室の帳簿では四月八日、同店で同対室と運動団体役員との「事前協議」が行なわれたことになっている）。これには誰が出席したんですか。

「わかりません」

――市側もわからないし、相手方もわからないんですか。

「そうです」

――会合の内容もわからないんですか。

「わかりません」

――すると、どういう内容の会合だったんですか、あなたは(担当課長から)聞いた(会合の)内容をどこかに備忘しているんですか。

「その当時は聞いて確認しておりましたが、現在は記憶にございません」


その日、誰の出席のもとどんなテーマで開かれどのような話し合いが行なわれたのか、いっさい資料は残っていないという。裁判所での証言時、当時より七年経過しており、記憶が薄れていてもおかしくはない。だが、中野氏は、この焼肉屋天壇西院店での「事前協議」の内容を答えられなかっただけではない。一年間に行なわれた約四〇〇回の「事前協議」で市は誰と何について話し合い、何を決めたか、ただの一件も明らかにできなかったのだ。

京都市側の説明によると、当時同対室では、同和対策事業に関連して「地区関係者」すなわち運動団体役員と「折衝」(「事前協議」など)することが日常的にあり、その「折衝」を円滑に行なえるよう飲食をともなう場合も多かった。またこれらの「折衝」は緊急に必要になることがしばしばなので、あらかじめ同対室長が資金を受領し、そこから「報償費」として支出していた。支出の際、領収証が必要だが、それが困難な場合は担当課長がその内容をチェックして「支払証明書」を書き領収証に代える、という方法がとられていた。

しかし市民一六人の原告は、これらの支出は具体的な民生事業があるわけでもなく、それに対する支払い義務もないものだ、と主張する。使途も明確ではなく、領収証も事後報告も必要としない「報償費」の実体は、同対室長のいわゆる「つかみ金」である。担当者によって事実上自由に使える公金の存在がゆるされるはずがない、と——。

役所などの会議室ではなく、なぜわざわざ祇園の料理店やスナック、キャバレーなどで、ほとんど連夜のごとく「事前協議」しなければならなかったのか。原告ならずとも誰しももつ疑問だろうが、同対室にはその理由、当日の協議内容に関する資料は一片も残っていないのだ。

この疑問に対して、当時の同和対策室長の森脇史郎氏は法廷で、次のように答えている(一九九六年六月二一日)。

——スナックで会合せんといかんような会議の内容というのはあるんですか。単に飲んで歌うだけじゃないですか。

「事業を進めていくときに、とくに運動団体の場合は非常に住民の行政に対する要求を抱えているわけです。(しかし)行政はその通りにはできませんので、いろんな形の調整が何度も繰り返されると。運動団体の幹部もいろんな形でそれらの要求を調整していただくというケースが多々ありました。それでいろんな問題に整理がついた段階で、一つの謝意を示すというか、そういう形でスナックへ行くというケースはあったと思います。それも頻繁にはなかったと思いますけど」

――頻繁にはなかったというのは嘘でしょう。これはあなたのほうで出された資料を一覧表にしたものですが（本書一五三～一六四ページ）、これを見ると、月曜から金曜までほぼ毎日飲み食いがされているし、多いときは一日二回、三回やっているでしょう。

「一人がやるというんじゃなしに、室全体の交際費的なものとして使っていたものですから」

――必要があれば飲み食いも公費でどんどん出していいということですか。

「的確、常識の範囲という形で。無謀なむちゃくちゃな形はいけないと思います」

――だけど祇園のスナックで飲むということは常識の範囲ですか。

「それは、そこにカラオケがあったかと思いますけれども、それを目的という意味ではなしに、そこで話もするし人間関係をつくるという形で、円滑に仕事をするための必要な部分であったと思います」

――市民の声を聞いて行政を進めるという点では、同和行政に限らないと思うんです。公園をつくってほしい、保育所をつくってほしいと、いろいろな要求がある。運動団体の人に理解をしてもらうのはあたりまえだと思うんですが、それが何で飲み食いになるのかわからないからお聞きしているんです。

「……」

――運動団体と京都市の交渉は何度も行なわれているでしょう。そういうところでは同和対策室長、民生局長も含め、場合によっては市長も出て、京都市の同和行政はここまでしかできません、あるいは来年度はこうしますということを、何回もやっているわけでしょう。

「(うなずく)」

――何回も公式の場でやっているんですよ。なおかつ、個別に運動団体の人と飲み食いしながら話をしなければならない必要性がわからないからお尋ねしているんですが。

「……」

同和対策の手法

ある運動団体幹部に会った。彼は私が見せた同対室の一九八八年度の「帳簿」(コピー)をめくりながら、鉛筆で次つぎと印をつけていく。

「これがわしが同対室から受けた接待や。これは森脇さん(同対室長)の行きつけのスナック、こっちは野口さん(同盟市協議長)のお気に入りのふぐの店やな」

彼の話によると、夕方、同対室長に会いに行く。情報交換するためだ。いろいろ話し込むうちに五時が過ぎる。すると室長のほうから「ちょっと、めしでも……」と誘われて市役所近くのすし屋に何回か行った。勘定は室長がした。一回の支払いは万単位のことが多かった、と言う。

「接待を期待して室長に会いに行っていたわけやないが、その場の流れでそうなってしまうことがときどきあったな」

京都市による運動団体役員らに対する「接待」が問題になったのは、この「つかみ金訴訟」だけではない。いわゆる「架空接待」で市民から二回にわたって訴えられている。

一次訴訟は、一九八五年度京都市に視察に来た他府県の同和対策関係職員を京都市同和対策室職員が一二回にわたり接待し、約七〇万円を支出したのは違法支出だという訴え。他府県から該当職員が視察に来た事実も接待した事実もなく、実際には「事前協議」と称して京都市の運動団体役員を「接待」していた。

「名目は架空だが、実際には会合は行なわれており金額も架空名日のものと一致している。行なわれた会合も同和対策のために有益なものだった」と市は開き直った主張を法廷内外で繰り返した。

これに対し、地裁判決では「虚偽架空の事実に基づく公金の支出は当然違法、市が主張する(実際に行なわれたという)会合についても稟議《りんぎ》書や報告書など裏付ける資料はなく、会合があったとは認められない」として、担当課長に接待費約七〇万円の返還を命じている(一九九五年一〇月二〇日)。会合はなかったが、飲み屋の領収証だけは上がってきているというわけだ。

二次訴訟は、その翌年度もまた同じ「架空接待」が行なわれていたことに対する訴え。しかし規模は前年度よりはるかに大きく、「架空接待」を計三〇回、総額約四三〇万円分行なっていた。京都市の弁解も地裁の判決内容も一次訴訟と同じだった。市幹部六人に対して接待費の返還を命じている(一九九五年一二月八日)。

八八年度の「つかみ金」という公金支出は「架空接待」の手法が使えなくなったあとに考え出されたものだったわけである。

接待隠しの事情

ところでなぜ京都市は、他府県の職員の名前を使ってまで、運動団体役員に飲み食いさせなければならないのか。

市同対室元室長の一人は言う。

「とくに同和行政を進める場合、運動団体役員と人間関係をつくることが重要だからだ」

交渉の場で行政の後れを運動団体から批判されたとき、そのあと、相手の気持ちを和らげるために「一杯やりましょう」ということになる。場合によってはそういった酒席に相手が出てきてくれるよう、こちらのほうから頼み込むこともある。出てくるということは、少しでもこちらの言い分に耳を傾けてもらえる可能性があるということになる、と言う。そうしないと今後の進行に大きな違いが出る。ところがある時期から、市側でそういった席を主体的に設けるというより、「こちらの意思に関係なく『接待』をせざるを得ないような、そういう状況に変わっていった」と語る。

京都市の同和行政について、運動団体の言いなりで主体性が欠如しているという批判があるが、まさにその典型が「接待」をめぐる市の姿勢なのだ。

運動団体との料亭などでの「事前協議」をした事実を虚偽の書類まで作成して隠さなければならない理由について、当時の同対室次長の平野之夫氏は、地裁一次訴訟で原告側の質問に対し、こう答えている(一九九一年五月一日)。

「名前を出さないということで、一応地元の関係者に出席をいただいておりますので、本人さんが来てくれたことがわかりますと、みなさん方(運動団体役員)について十分理解しておられない方々に、余分な誤解を招くということで名前を伏せたわけです」

——抽象的でわかりにくいのですが、実名を書いたらどういう場で問題にされると想定されたんですか。議会ですか、市の内部監査ですか。

「書類審査を通じて公になることが想定されますね」

——そんな簡単に公にならんでしょう。議会に明らかになるということを恐れたんじゃないですか。

「議会に明らかになるということは公にも明らかになるということですね」

——議会で問題にされたら困る。問題にされないように故意に違う理由を書いたということでしょう。

「公になることを防ぐために書いたんです」

——そうしたら議会の監査とか無意味になるんじゃないですか。そんなことは考えなかったんですか。

「……」

「同和問題は市民一人ひとりの課題」「断ち切ろう身近な差別を私から」——京都市は機会あるごとに同和問題に対する市民の理解の「後れ」を強調するが、その一方で虚偽、架空の公文書まで作成して運動団体役員をもてなし、しかもそういった密室で今後の行政のあり方を相談している。その問題点を指摘されると市民感覚から逸脱した弁解で逃げようとする。実態から大きく遊離した同和対策事業の方針を密室の、しかも公金を使った飲み食いの場で決められては、市民は二重の意味でたまらない。地区住民にしてもその思いは同じだろう。行政は特定の運動団体幹部のためではなく、市民全体の奉仕者ではないのか。

京都市同和対策室の帳簿から、「つかみ金」訴訟原告団が作成した「のみくい」一覧（1988年度）より

1988年			
4月4日（月）		アローン	1,120円
4月5日（火）		青い山	900円
4月5日（火）		パルファン	840円
4月6日（水）		パルファン	1,120円
4月8日（金）		アンリー	840円
4月8日（金）	事前協議	天壇	8,855円
4月11日（月）		青い山	1,200円
4月11日（月）		エイト	560円
4月12日（火）	事前協議	のうだんまんるい	37,000円
4月13日（水）		幌馬車	900円
4月14日（木）		青い山	600円
4月14日（木）	事前協議	やまおか	12,800円
4月15日（金）		パルファン	1,120円
4月18日（月）	事前協議	清華	4,860円
4月18日（月）	事前協議	阿わ津	44,600円
4月19日（火）	事前協議	青い山	1,500円
4月20日（水）		アローン	560円
4月20日（水）		パルファン	840円
4月20日（水）	事前協議	阿呆	20,000円
4月22日（金）	事前協議	京都ホテル	2,200円
4月22日（金）		アローン	1,400円
4月25日（月）		エイト	840円
4月26日（火）	事前協議	ひばなや	86,340円
4月27日（水）	事前協議	亥の盛	46,000円
4月27日（水）		青い山	900円
4月27日（水）		アンリー	1,120円
4月30日（土）	事前協議	4月支出確認分	16,360円
5月2日（月）	香典		10,000円
5月2日（月）		幌馬車	1,500円
5月6日（金）	事前協議	京都ホテル	1,540円
5月9日（月）		アローン	1,120円
5月9日（月）	樒代		3,000円
5月9日（月）	事前協議	京都ホテル	2,090円
5月10日（火）		アローン	840円
5月10日（火）		青い山	1,200円

5月11日（水）		アンリー	560円
5月11日（水）	事前協議	ナウ	35,000円
5月11日（水）	事前協議	全日空ホテル	1,155円
5月13日（金）	香典		10,000円
5月13日（金）	事前協議	よしみ	17,420円
5月13日（金）		アローン	1,120円
5月16日（月）		パルファン	840円
5月17日（火）		アローン	1,120円
5月17日（火）	事前協議	酒見世	15,510円
5月17日（火）	事前協議	フォンタナ	700円
5月20日（金）	餞別		10,000円
5月20日（金）		青い山	900円
5月20日（金）		パルファン	560円
5月23日（月）		エイト	840円
5月23日（月）		幌馬車	900円
5月23日（月）	同和対策費	（収入）1,200,000円	
5月25日（水）	事前協議	越前屋	7,400円
5月25日（水）		アローン	840円
5月26日（木）		青い山	600円
5月26日（木）	事前協議	清華	2,430円
5月26日（木）	事前協議	つる亀	26,000円
5月27日（金）		アローン	560円
5月28日（土）	事前協議	なる川	46,000円
5月29日（日）	事前協議	つむぎ	9,750円
5月30日（月）		青い山	1,200円
5月31日（火）		パルファン	840円
5月31日（火）	事前協議	彦左衛門	16,190円
5月31日（火）	事前協議	5月支出確認分	15,540円
6月1日（水）	事前協議	雅	1,650円
6月2日（木）		エイト	560円
6月3日（金）		アンリー	840円
6月3日（金）	事前協議	京都ホテル	2,200円
6月3日（金）		幌馬車	900円
6月4日（土）		アローン	1,400円
6月4日（土）	事前協議	桂花林	19,440円
6月5日（日）	事前協議	ひばなや	54,270円
6月5日（日）	事前協議	大極殿	8,150円
6月6日（月）		青い山	1,200円
6月8日（水）	みやげ代	花月	3,000円

6月8日(水)		パルファン	840円
6月8日(水)		パルファン	840円
6月9日(木)		青い山	600円
6月10日(金)		エイト	840円
6月10日(金)	事前協議	ドミノ	47,000円
6月13日(月)		幌馬車	600円
6月14日(火)		アンリー	840円
6月14日(火)	事前協議	グリーンプラザ	9,130円
6月15日(水)	香典		10,000円
6月16日(木)		青い山	900円
6月20日(月)		アローン	560円
6月21日(火)		エイト	840円
6月21日(火)		アローン	560円
6月23日(木)	ビール券代	森田商店	4,910円
6月24日(金)	事前協議	串大岩	25,720円
6月24日(金)		パルファン	1,120円
6月24日(金)		アローン	840円
6月25日(土)		青い山	900円
6月28日(火)		アンリー	1,120円
6月28日(火)	事前協議	阿呆	30,000円
6月30日(木)		パルファン	840円
6月30日(木)		エイト	840円
6月30日(木)	事前協議	ノスタルジア	38,880円
6月30日(木)	事前協議	6月支出確認分	17,980円
7月1日(金)	事前協議	乃斯	43,000円
7月1日(金)		アローン	840円
7月2日(土)		エイト	560円
7月4日(月)		パルファン	840円
7月4日(月)	粗酒料		10,000円
7月6日(水)	贈答	一保堂茶舗	20,000円
7月6日(水)		パルファン	560円
7月6日(水)		アンリー	1,120円
7月8日(金)		アンリー	560円
7月8日(金)		青い山	900円
7月9日(土)	事前協議	コジィー	21,840円
7月10日(日)	事前協議	臣	12,010円
7月10日(日)	事前協議	しょうぐん亭	10,600円
7月11日(月)	事前協議	あじびる	4,310円
7月11日(月)		アローン	560円

7月12日(火)		幌馬車	600円
7月14日(木)		青い山	900円
7月14日(木)	事前協議	ほり川	3,905円
7月15日(金)		青い山	1,200円
7月18日(月)	事前協議	南山	10,340円
7月19日(火)		アローン	560円
7月20日(水)	みやげ代	花月	8,800円
7月20日(水)	事前協議	左近	7,000円
7月21日(木)	事前協議	サフラン	3,900円
7月21日(木)		パルファン	1,120円
7月21日(木)		エイト	560円
7月22日(金)		幌馬車	900円
7月22日(金)	事前協議	おもて	28,000円
7月22日(金)	事前協議	ローゼンタール	5,920円
7月25日(月)	お中元	大丸	31,792円
7月25日(月)	お中元	高島屋	15,200円
7月25日(月)	事前協議	京都ホテル	990円
7月25日(月)	事前協議	おめん	3,830円
7月25日(月)		パルファン	560円
7月27日(水)		アローン	1,120円
7月27日(水)	事前協議	ブライトンホテル	19,200円
7月28日(木)	事前協議	サンテラス	600円
7月28日(木)	粗酒料		10,000円
7月28日(木)	事前協議	清華	4,050円
7月28日(木)	事前協議	ローゼンタール	12,660円
7月28日(木)		幌馬車	600円
7月30日(土)		アンリー	840円
7月30日(土)	事前協議	7月支出確認分	14,900円
8月2日(火)		アンリー	840円
8月3日(水)	ビール券代	森田商店	31,000円
8月4日(木)		パルファン	560円
8月5日(金)		青い山	1,200円
8月9日(火)	香典		10,000円
8月10日(水)	樒代		3,000円
8月10日(水)	同和対策費	(収入)1,000,000円	
8月10日(水)	事前協議	花梨	13,365円
8月10日(水)		幌馬車	1,200円
8月11日(木)		幌馬車	1,200円
8月11日(木)		エイト	840円

8月11日(木)	事前協議	満福亭	8,200円
8月12日(金)		青い山	900円
8月12日(金)	事前協議	雅	1,320円
8月13日(土)	事前協議	文明堂	12,200円
8月15日(月)	香典		10,000円
8月16日(火)		パルファン	560円
8月19日(金)		アローン	840円
8月19日(金)		アンリー	560円
8月20日(土)		パルファン	1,400円
8月20日(土)	事前協議	蝶屋	43,650円
8月22日(月)	ビール券代	森田商店	6,900円
8月22日(月)		アローン	840円
8月22日(月)		青い山	900円
8月24日(水)		エイト	840円
8月24日(水)	事前協議	みどり寿し	10,700円
8月24日(水)	事前協議	京都ホテル	3,520円
8月25日(木)	事前協議	縦らん	17,000円
8月25日(木)	事前協議	コジィー	22,500円
8月25日(木)		青い山	1,200円
8月26日(金)	事前協議	キリンシティ	7,164円
8月26日(金)	事前協議	フォンタナ	700円
8月28日(日)	事前協議	権太呂	3,800円
8月29日(月)		幌馬車	900円
8月31日(水)	事前協議	8月支出確認分	14,780円
9月1日(木)	事前協議	清華	2,430円
9月2日(金)	事前協議	おもて	14,000円
9月2日(金)		アローン	560円
9月3日(土)		青い山	900円
9月5日(月)		エイト	840円
9月6日(火)	事前協議	酔心	4,940円
9月8日(木)		青い山	600円
9月9日(金)		パルファン	1,120円
9月9日(金)		幌馬車	1,200円
9月9日(金)	結婚祝		30,000円
9月10日(土)	事前協議	ローゼンタール	4,040円
9月11日(日)	事前協議	阿だち	8,350円
9月12日(月)		エイト	840円
9月13日(火)		アローン	560円
9月16日(金)		アンリー	1,120円

9月16日(金)	事前協議	サンボーイ	1,700円
9月19日(月)		幌馬車	900円
9月20日(火)		アローン	840円
9月20日(火)		パルファン	1,120円
9月21日(水)		青い山	600円
9月21日(水)	事前協議	ルレ·オカザキ	3,800円
9月22日(木)	結婚祝		20,000円
9月22日(木)	結婚祝		20,000円
9月22日(木)	香典		5,000円
9月22日(木)	事前協議	ピアノーラ	50,000円
9月22日(木)		パルファン	840円
9月23日(金)	事前協議	金星	70,000円
9月24日(土)	お見舞	八百卯	4,500円
9月26日(月)		青い山	1,200円
9月27日(火)		エイト	840円
9月27日(火)		アローン	1,120円
9月27日(火)	樒代		3,000円
9月28日(水)		パルファン	560円
9月29日(木)		アンリー	840円
9月29日(木)	結婚祝		20,000円
9月29日(木)	事前協議	清華	3,240円
9月30日(金)		青い山	1,500円
9月30日(金)		アローン	1,120円
9月30日(金)	事前協議	9月支出確認分	19,220円
10月1日(土)		エイト	840円
10月2日(日)	事前協議	文々亭	34,600円
10月3日(月)		アンリー	560円
10月5日(水)		アローン	840円
10月5日(水)		幌馬車	900円
10月6日(木)		アローン	840円
10月6日(木)	事前協議	コマーシャル	27,000円
10月7日(金)		パルファン	1,120円
10月9日(日)	事前協議	ひばなや	40,070円
10月11日(火)		エイト	560円
10月13日(木)		パルファン	840円
10月13日(木)		青い山	900円
10月14日(金)		アローン	840円
10月14日(金)	事前協議	不二家	2,940円
10月17日(月)	事前協議	南山	21,560円

10月17日(月)	事前協議	桃李	4,600円
10月17日(月)	事前協議	権太呂	10,549円
10月17日(月)		アンリー	560円
10月18日(火)		青い山	900円
10月19日(水)		幌馬車	1,200円
10月19日(水)		エイト	560円
10月21日(金)		パルファン	840円
10月21日(金)	事前協議	白川寿し	24,800円
10月21日(金)	ビール券代	森田商店	15,500円
10月24日(月)	お見舞	八百卯	7,000円
10月24日(月)		アローン	560円
10月26日(水)		パルファン	840円
10月27日(木)		青い山	600円
10月27日(木)		アローン	1,120円
10月28日(金)		パルファン	840円
10月28日(金)		青い山	900円
10月29日(土)		アローン	840円
10月31日(月)		青い山	900円
10月31日(月)		パルファン	840円
10月31日(月)	事前協議	10月支出確認分	19,740円
11月1日(火)		エイト	840円
11月2日(水)		青い山	1,200円
11月2日(水)	事前協議	しん松	12,240円
11月4日(金)	お供え	京都ホテル	2,500円
11月4日(金)	香典		20,000円
11月4日(金)	事前協議	京都ホテル	1,430円
11月4日(金)		アローン	560円
11月5日(土)		アンリー	840円
11月7日(月)		パルファン	1,120円
11月7日(月)		幌馬車	1,200円
11月7日(月)		パルファン	840円
11月7日(月)	事前協議	雅	1,650円
11月8日(火)		青い山	900円
11月10日(木)		アンリー	560円
11月11日(金)		パルファン	1,400円
11月11日(金)		青い山	1,200円
11月12日(土)		アローン	840円
11月12日(土)	事前協議	コジィー	10,140円
11月13日(日)	事前協議	新都ホテル	1,300円

11月15日(火)	事前協議	ビアンカ	1,120円
11月15日(火)		エイト	1,120円
11月16日(水)		アローン	560円
11月16日(水)		パルファン	1,120円
11月16日(水)	事前協議	亥の盛	46,000円
11月17日(木)	榕代		3,000円
11月17日(木)	事前協議	不二家	1,960円
11月17日(木)		青い山	600円
11月18日(金)		幌馬車	900円
11月18日(金)		アローン	840円
11月19日(土)		アンリー	560円
11月19日(土)	榕代		3,000円
11月19日(土)	香典		20,000円
11月19日(土)	事前協議	よしみ	20,640円
11月21日(月)	事前協議	うえだ	8,470円
11月21日(月)		青い山	900円
11月22日(火)		幌馬車	900円
11月22日(火)		エイト	560円
11月22日(火)	事前協議	サンテラス	600円
11月24日(木)		青い山	1,500円
11月25日(金)		アローン	840円
11月25日(金)		アローン	840円
11月25日(金)	事前協議	ビアンカ	1,485円
11月28日(月)		パルファン	1,400円
11月29日(火)	お見舞	木ノ実屋	10,000円
11月30日(水)	事前協議	かねよ	12,837円
11月30日(水)	事前協議	新都ホテル	28,000円
11月30日(水)		幌馬車	600円
11月30日(水)		青い山	900円
11月30日(水)	事前協議	11月支出確認分	25,640円
12月1日(木)	餞別		20,000円
12月1日(木)		アローン	1,120円
12月2日(金)		アローン	840円
12月2日(金)		アンリー	560円
12月2日(金)	お見舞	八百卯	5,000円
12月2日(金)	事前協議	フォンタナ	800円
12月3日(土)		青い山	1,500円
12月5日(月)		アローン	840円
12月6日(火)		パルファン	560円

12月6日(火)		幌馬車	1,200円
12月7日(水)		アンリー	840円
12月7日(水)	事前協議	ビアンカ	1,870円
12月8日(木)	事前協議	歌雅里	8,250円
12月9日(金)		アローン	840円
12月9日(金)		パルファン	560円
12月9日(金)		パルファン	1,400円
12月10日(土)		青い山	900円
12日12日(月)		エイト	840円
12月14日(水)		エイト	840円
12月14日(水)	同和対策費	(収入)1,200,000円	
12月15日(水)	事前協議	京都ホテル	1,430円
12月15日(木)		青い山	1,200円
12月15日(木)		アローン	560円
12月16日(金)		パルファン	840円
12月17日(土)	事前協議	モーツアルト	4,420円
12月17日(土)	事前協議	かっぱ寿司	3,780円
12月17日(土)	お歳暮	高島屋	35,000円
12月19日(月)		青い山	1,200円
12月19日(月)	お歳暮	高島屋	20,000円
12月19日(月)	事前協議	清華	2,700円
12月20日(火)	お歳暮	高島屋	24,700円
12月20日(火)		幌馬車	900円
12月22日(木)		アローン	840円
12月24日(土)	事前協議	清華	11,280円
12月26日(月)		パルファン	840円
12月26日(月)	事前協議	カルフォルニアビーチ	1,300円
12月27日(火)	香典		20,000円
12月27日(火)	樒代		3,000円
12月28日(水)	事前協議	おったんた	18,000円
12月28日(水)	事前協議	12月支出確認分	19,220円
12月29日(木)	おみやげ代	あすわ	3,450円
12月29日(木)	おみやげ代	モーツアルト	3,750円
1989年			
1月4日(水)	事前協議	清華	27,320円
1月4日(水)	おみやげ代	八百卯	3,500円
1月4日(水)	粗酒料		5,000円
1月4日(水)	粗酒料		5,000円

1月6日(金)		幌馬車	1,200円
1月6日(金)	事前協議	桃李	2,200円
1月7日(土)	みやげ代	鳩居堂	5,000円
1月7日(土)	事前協議	清華	3,000円
1月8日(日)	事前協議	新都ホテル	850円
1月9日(月)	事前協議	サンテラス	600円
1月9日(月)		アローン	840円
1月9日(月)		パルファン	1,120円
1月10日(火)		青い山	1,200円
1月10日(火)	餞別		20,000円
1月11日(水)		アンリー	840円
1月13日(金)		パルファン	840円
1月13日(金)	香典		15,000円
1月17日(火)		アンリー	560円
1月18日(水)		エイト	1,120円
1月19日(木)		パルファン	840円
1月19日(木)	事前協議	サフラン	900円
1月19日(木)	事前協議	不二家	2,340円
1月20日(金)	事前協議	清華	3,000円
1月20日(金)	事前協議	モリタ屋	64,480円
1月20日(金)	事前協議	祇園ひばなや	68,750円
1月21日(土)	粗酒料		10,000円
1月21日(土)		青い山	1,500円
1月23日(月)		アローン	1,460円
1月25日(水)		エイト	560円
1月26日(木)		アローン	560円
1月27日(金)		幌馬車	900円
1月27日(金)		アンリー	840円
1月27日(金)	事前協議	京都ホテル	2,365円
1月28日(土)		青い山	1,200円
1月28日(土)	香典		10,000円
1月28日(土)	樒代		3,000円
1月30日(月)		パルファン	1,120円
1月30日(月)	事前協議	みどり寿し	12,000円
1月31日(火)	事前協議	1月支出確認分	16,640円
1月31日(火)	事前協議	せせらぎ	1,650円
2月1日(水)	事前協議	桃李	2,200円
2月1日(水)	事前協議	桃李	4,015円
2月1日(水)	事前協議	京都ホテル	1,100円

2月2日(木)	事前協議	モーツアルト	2,970円
2月2日(木)	事前協議	権太呂	4,900円
2月2日(木)	事前協議	モリタ屋	90,600円
2月2日(木)		パルファン	560円
2月3日(金)		エイト	1,120円
2月3日(金)	事前協議	サンテラス	900円
2月3日(金)	事前協議	天狗	11,580円
2月3日(金)	事前協議	ふじ乃	29,000円
2月4日(土)	事前協議	やまおか	16,200円
2月6日(月)	事前協議	ひばなや	119,790円
2月6日(月)	餞別		20,000円
2月6日(月)		アローン	840円
2月7日(火)		アローン	1,400円
2月9日(木)		青い山	900円
2月9日(木)		アンリー	840円
2月9日(木)	事前協議	天狗	2,860円
2月10日(金)	みやげ代	モーツアルト	4,240円
2月12日(日)	事前協議	ラポー	2,860円
2月13日(月)		パルファン	560円
2月14日(火)		青い山	1,200円
2月15日(水)		エイト	840円
2月15日(水)	事前協議	祇園ひばなや	119,900円
2月16日(木)	事前協議	権太呂	3,450円
2月16日(木)	事前協議	京都ホテル	2,200円
2月17日(金)	事前協議	サンテラス	900円
2月17日(金)	事前協議	おせき	11,500円
2月17日(金)		アローン	840円
2月17日(金)		幌馬車	900円
2月21日(火)		パルファン	1,400円
2月21日(火)		青い山	600円
2月21日(火)	事前協議	ナウ	70,000円
2月22日(水)	事前協議	河道屋	10,505円
2月22日(水)	ビール券代	森田商店	19,915円
2月22日(水)	事前協議	サタン	31,000円
2月23日(木)	事前協議	清華	4,500円
2月23日(木)		幌馬車	1,200円
2月24日(金)		アローン	840円
2月25日(土)	事前協議	シスターハウス	11,610円
2月27日(月)		アローン	560円

2月28日（火）	事前協議	2月支出確認分	14,600円
3月1日（水）		アローン	560円
3月2日（木）		エイト	1,400円
3月4日（土）		アローン	840円
3月6日（月）		青い山	900円
3月7日（火）	事前協議	ドン	15,000円
3月8日（水）		パルファン	1,400円
3月8日（水）		アローン	560円
3月10日（金）		アンリー	840円
3月10日（金）	お祝い		10,000円
3月13日（月）	事前協議	みどり寿し	13,000円
3月13日（月）		アンリー	560円
3月14日（水）		青い山	1,200円
3月15日（水）	事前協議	清華	4,980円
3月16日（木）	事前協議	天狗	9,160円
3月16日（木）		パルファン	840円
3月17日（金）		パルファン	1,120円
3月17日（金）	事前協議	おったんた	32,000円
3月17日（金）	お見舞い	スギトラ果実店	10,000円
3月17日（金）	みやげ代	満月堂	2,900円
3月17日（金）	事前協議	粋心	6,670円
3月20日（月）		アローン	840円
3月21日（火）	事前協議	ロイヤルホテル	2,860円
3月22日（水）	事前協議	金扇	13,450円
3月22日（水）	事前協議	サフラン	600円
3月23日（木）	事前協議	しん松	14,930円
3月24日（金）		青い山	600円
3月27日（月）		エイト	840円
3月28日（火）		青い山	1,200円
3月28日（火）	事前協議	かに道楽	20,870円
3月29日（水）	事前協議	メモリー	35,000円
3月29日（水）	事前協議	サンテラス	900円
3月30日（木）	事前協議	サタン	46,900円
3月31日（金）	事前協議	おせき	15,150円
3月31日（金）	事前協議	3月支出確認分	13,700円
3月31日（金）		持出し 127円	
		3,400,127円	3,400,127円

Ⅳ 沈黙——啓発のあとに残ったもの

何とも不可解な「同和研修」だった。一九九二年の一一月、京都市左京区のある山間《やまあい》の里。三〇〇人以上参加した住民のほとんどがいったい何が原因で地元はじまって以来とも言える大規模な研修会がもたれたのかすら理解できずにいた。わかっているのは、主催する自治会が地域のいろんな組織を使って熱心に住民を出席させようとしていたこと。そして、「同和」に関連して何かどえらい問題がもち上がっているらしいこと……。「研修」当日は出欠簿までつくって入り口でチェックしていた。

研修会でどんな事件が起こったのかわかると思ったが、自治会からは「不幸な出来事があった」としか説明されず、一般的な同和問題に関する講演が行なわれて終わった。結局、住民は何も知ることができなかった。

「差別者」の里?

「おっさん、おかしなビラがあったで」

「同和研修」が行なわれる九カ月前、尾崎利治さん(五九歳)は知人から一枚のビラを見せられた。Ｂ４判の紙に「○○の嫁は部落出身、デカイ面スルナ！　××を汚すな‼」（××の部分には地域名が書かれている）などと書かれていた。田んぼや道端に何十枚か落ちていたということだった。

「アホなことを書くやつがおるなあ」と尾崎さんは思ったが、ビラのことはそれっきり周囲で話題になることもなかった。だが、そのビラこそ村中をあの不可解な「同和研修」に駆り立てた原因だったのだ。

京都市の調査によると、問題のビラが初めて発見されたのは、一九九二年二月一二日。七一枚のビラが一〇カ所でまかれている（というより道端などに置かれていた）のを住民が見つけた。そのことを知った左京区役所はすぐさま京都市市民局同和対策室に通報する。その翌日から約三週間、左京区役所の職員がこの他に「差別ビラ」がないか、毎日集落中の見回りにやってきた。この結果、一二日以降、二一枚の同種のビラを見つける。彼らが田んぼなどでウロウロしている姿は当時、住民の間で話題になったが、まさかビラを拾いに来ていた職員だとは、思いもよらなかった。ビラの存在自体、ごく限られた人を除いて知られることもなかったのだ。市は部落解放同盟からの追及も受け、自治会とともに対策を協議する。冒頭に紹介した「研修会」はその結果を受け、催されたものだった。

住民の多くがことのあらましを知ることができたのは「研修会」から三カ月後、全解連などでつくる「国民融合をめざす左京地域連絡会」が開いた集会のときだった。この集会は「差別ビラ」にあたふたし、住民に不安をあおる「研修」を強要した行政のあり方を批判するために催されたものだった。

それにしても誰が何の目的で作ったのかもわからず、ほとんどの住民の目にふれることのなかったビラに、こんな大騒ぎをする必要があったのか。

市同和対策室では、「ああいうビラがまかれたこと自体、その地域において同和地区住民が差別されかねない状況があることを示している。行政としても啓発を進めていく責任がある。ビラの内容を伏せたのは、そのまま公表したら逆に差別意識を増幅させてしまう可能性もあるからだ」と説明する。

同対室では「あの研修会の評判はよかった」と言っているが、結果として住民側は、事情も知らされず、行政によって村ごと「差別者」扱いされ、啓発されてしまったわけだ。

ところで、「差別ビラ」が発見された二月から「同和研修」が開かれた一一月までの京都市の対応は、ある意味では「組織的」で「迅速」な対応と言えなくもない。よく短期間にこれだけの行政機構が統一的な行動をとれるものだと感心する。実は京都市には「差別事件」の際の「危機管理マニュアル」とでもいうべきものが存在するのだ。正式には「同和問題に係わる差別事象の処理に関する要綱」。

次のようなものだ。市内で「差別事象」を発見した場合、職員はただちに直属上司に報告するとともに、状況を記録する。報告を受けた上司は、これまたただちに所属長を経てその部局内の同和対策主任に報告する。その同和対策主任は「差別事象」についての見解をまとめ、これまたただちに同和対策室に連絡する。同和対策室は、やはりまたただちに関係所属長を招集して対策を協議し、各所属の調査・啓発の分担を定める。関係所属長は「調査・啓発班」なるものを編成し、「差別事象」の分析に当たる――という具合である。

しかしこの「危機管理マニュアル」にはまだ続きがある。「調査・啓発班」はさまざまな分析を行なった後、「差別事象」を起こした人物と関係者に対して「啓発」する。たとえばどこかのトイレで「落書き」が見つかっただけでも、これだけの組織が動くことになるわけだ。「差別ビラ」が見つかった地元で「研修会」が開かれたのも、住民全体が「関係者」ととらえられたからにほかならない。

そしてようやく解決にこぎ着けた後は、この「差別事象」は、研修などの場で「教材」として活用されていくことが定められている。同和対策室が制作した「同和問題啓発パネルカタログ」(一九九三年一二月)という冊子には、くだんの「差別ビラ」もちゃんと収録されてある。

右往左往

皮肉にもと言うべきか、左京区の山間に三〇〇人以上を集めた研修会が行なわれた一九九二年一一月以降、京都府内では「差別落書き」事件が連続して起こっている。役所や公園のトイレで、駅や団地、大学、トンネル、墓地でも。

「エッタ死ね」「同和地区は、まっさつしろ」「クソ部落に公金出スナ」……。

落書きが発見されるたびに、行政は解放同盟から啓発不足を指摘され対応に奔走しなければならなかった。立て看板やポスターを作ったり、「怪しい場所」をパトロールする夜回り隊も結成された。

「同和対策事業の不十分さが、差別落書きを書かせる土壌として存在している」(山城地区市町村連絡協議会)

「同和問題の解決へ向け今後も引き続き一層取り組みに努力する」(府同和対策推進会議)

といった内容の反省文や決意表明も連発され、「被害届」を警察に出す自治体もあらわれた。

福知山市では、JRガード下の壁と市営墓地内のトイレにスプレーで大書きされた「差別落書き」の見学会が行なわれた。一二月一七日から約一〇日間で、府市職員、小中学校教職員、企業関係者など一五〇〇人が参加した。落書きの内容は二カ所ともほぼ同じ内容。

「働かずくらしていける部落ものわれもなりたや恥をしのんで　福天狗《てんぐ》」。

「現場には市職員を配置。シートで『落書き』を隠し見学者が来ると一部を見せるというやり方で、説明はなし。見学者はだまって落書きを見て、氏名や所属団体名をノートに記入させられました」(『京都民報』一九九三年二月一四日付)

「差別落書き」が発見されなかった八幡市でも一月に見学会を実施している。こちらは市幹部職員二十数人が市のバスに乗り込んで、宇治市役所や宇治市文化センターの落書きのあったトイレを見学した。

京都市では落書きがトイレ内に多発していることに着目して役所のトイレを明るくして落書きをしにくくしようと苦肉の策も編み出したという。

行政は何か得体の知れないものに脅え、過剰な反応をしているように映る。こういったことを繰り返して、いったい部落問題の何が解決されるというのか。これに対し、全解連京都府連は、重大な「差別事件」として騒ぎ立てる行政や解放同盟のやり方を批判する見解を発表している(二月一日)。「『落書き』が内容・形態いかんを問わず禁じられているのは社会的常識であり、消去もしくは施設や対象を復元することで基本的に解決する」と主張、誰が書いたかもわからない落書きを「差別事件」として取り上げて組織強化、利権獲得の道具にするなという内容である。「落書き」を消せばすべて解決するケースばかりとは必ずしも思わないが、これが常識的な受け止め方ではないだろうか。少なくとも行政機構を総動員する問題ではない。

あれから一年。行政の「啓発」にもかかわらず「差別落書き」は今もなくならない。京都市同和対策室では「落書きの背景にあるのは同和施策に対する市民の『ねたみ』意識の結果だ。不況下の今、引き続き増える可能性もある」と言っている。

解放同盟も「運動によって昔のように公然とは差別できない状況になっているが、こういう陰湿な形で出てくるのが現在の特徴だ。差別意識はむしろ昔よりひどくなっている」（丹波淳一京都市協事務局長）ことを強調している。

前述のように解放同盟と行政は、「差別落書き」が今日においても深刻な部落差別の現実と市民の陰湿化した差別意識の証拠であると受け止めている。そして「差別落書き」を示して、同盟はさらなる同和行政の充実を要求し、行政も自分たちの責務だとしてそれに応じる。

だが、ときにはその順序が逆転し、行政に圧力をかけるために『差別落書き』「差別事件」をでっち上げるという事例も、これまでに何度か確認されている。

誰が「差別落書き」を生み出したか

一九九四年一月初め、解放同盟高知市連絡協議会事務局ポストに「差別手紙」が送られてきた。内容は同市内にある高知市立特別養護老人ホーム福寿園にかかわるもので、「朝鮮人を筆頭にエッタをつれて掃除をしているようであるがみるも汚らわしい」などと書かれてあった。手紙の宛名は同盟市協に勤務する在日朝鮮人で、彼の妻は福寿園に勤めていた。解放同盟では、手紙に福寿園の内部事情が書かれていたことを理由に、「犯人」は同園職員と断定する。同盟の追及を受けた高知市も、同園職員が書いた可能性があるとして、全職員に「差別手紙」のコピーをわたし感想文を書かせたり、個別に面談をするなど調査を行なう。さらに同月一八日に行なわれた「差別手紙糾弾抗議集会」に出席した市長は、解放同盟が進める「部落解放基本法」の地方版とも言うべき「人権条例」制定づくりを表明するに至った。

ところが市の内部調査が始まってしばらくして、前年まで福寿園に勤務していた高知市のある係長が、手紙を書いたのは自分であると、「自首」してきたのだ。しかもこの係長は、これまでに解放同盟と結びついて、職場の「差別落書き」事件などを取り上げ、職場で部落問題の学習サークルを作ったりしてきた熱心な「活動家」だったのである。「自首」したのは、市の調査が筆跡鑑定などまでに及びはじめたことで追い詰められた結果と見られている。同盟と一緒に活動してきた人物が、なぜ自ら「差別手紙」を書かなければならなかったのか。係長は次のように動機を語っている。「(市に)人権条例を制定させるには、いろんな差別事例が必要と思った」「部落解放のためにやった」(『赤旗』一九九四年二月二二日付)

滋賀県野洲町の野洲中学校では一九八八年一一月から翌年六月にかけて三七件もの「差別落書き」事件が起き、大きな問題となった。しかしこれもまた、同校内で解放同盟などが主張する「解放教育」を進めようとする教員による「自作自演」の疑いがきわめて強いことが、今日では明らかになっている。

事件は、同和地区の生徒の机や靴、学級日誌などに「エタ、アホ、死ね」などと落書きされたというものである。特定中学で落書きが繰り返し起こるという異様な事件だった。教育委員会や同盟などは「犯人」は生徒という前提のもと、同校での同和教育の不十分さを問題にした。事件後、この中学ではそれまで校内で反対の強かった解放教育が取り組まれていく。

ところが後になって、事件を追及する先頭に立っていた解放同盟滋賀県連教育対策部長の口から、意外な「真相」が語られる。一九九〇年六月に滋賀県のある自治体で行なわれた「同和研修」の講演で、この「差別事件」について、教育対策部長は次のように述べたのだ。

「ここだけの話ですけど、野洲中の落書きをしたのは実は大人なんです。そして学校内部の人間なんです。誰が考えてもそうとしか結論がでえへんのです。誰やと思います？　実は先生なんです。だいたいわかってますけど、言うてしまうといろいろ問題になるし、『いや、わしはしてへんでー』と居直られたら終わりですので、言いませんけど、ここだけの話ですよ。ここだけの。実はそうなんです。子どもらもちゃんと知っているんです。ほんなん先生しかできひんわ、いうているんです。わたしらいいひんとき、何で差別落書きが出てくるんか、おかしいやんか、みな言うんです」（京都市教職員組合「同和問題討議資料」）

教師が「差別事件」を演出し、生徒を「差別者」にし、そして反発の強かった特定団体の意向に沿った教育が強引に導入されていく——という仕掛けなのである。

この種の事件では過去に痛ましい犠牲も出ている。兵庫県篠山町で一九八三年八月に解放同盟中央糾弾闘争本部長の車などに、スプレーで「ヨッコロセ」などと書かれた落書きが発見された。町は大揺れに揺れた。篠山町の同盟支部は行政闘争の方針を決めた。ところが支部内部から落書きは支部長の仕業との疑惑が提起された。「この頃支部の活動が盛り上がらないので、差別落書きを書いたらどうか」などと言っていたというのだ。その後も、支部長が犯人であることを示す証拠が次々に出てくる。ところがこの「差別事件」は一九八四年三月、最悪の形で終結してしまう。疑惑がいっそう深まる中、この支部長がガス自殺してしまったのである。

解放運動の友人

これらとは別の意味で、「差別落書き」発生の原因は、運動の側にもあるという声が解放同盟内部からも聞こえてくる。藤田敬一氏（岐阜大学教授）は『「同和はこわい考」通信』という個人通信紙を発行している。『通信』は、「差別」—「被差別」の立場の絶対化・固定化を前提に進められる部落解放運動に疑問を呈する人たちの交流紙的な性格をもっている。その同紙に最近、「精神的に耐えられなかった」と言って長く続けた解放同盟支部役員を辞めたという人の手記が掲載された。

「自分が同盟員、ひいては支部の幹部でいること（名乗ること）が恥ずかしいということです。（略）表では一応『人間解放』という崇高な理念を訴えながら、中身を見れば……。この集団に近寄れば近寄るほどそのギャップを目の当たりにし、あきれはててしまう人々が増える一方です。このような状況は、決して自分の地域だけのことではないと思いますが」

そして多発している「差別落書き」事件についてこう書いている。

「運動体は、行政や落書き場所の企業に防止を要請するばかりで、自ら何かを積極的にすることもありません。これらの落書きの書き手の真意は分かりませんが、自分は行政の啓発不足より、前述したような運動のありようのほうが大きなウエイトを占めているように感じます」（『通信』No.77、一九九三年一二月一八日付）

それにしても「同和」「部落」ということがかかわると、なぜ人々の表情は硬くなり行動がぎこちなくなってしまうのか。落書きにしても、「同和」以外の内容なら、これほどの反応を行政は示していないだろう。また、たとえば市民向けに行なわれている同和研修の場でしばしば見られる情景――うつむいて押し黙ったまま時間が過ぎるのをひたすら待っている参加者――を生み出す原因はなんだろうか。

私自身、こんな場面に出会った。毎年二月には、部落解放同盟京都市協議会などの主催による「部落解放京都市研究集会」が開かれる。その集会でのことだ。

ある分科会で、講師として招かれた大学の研究者がこんな趣旨の問いかけをした。「差別行為」をする人についてはもちろん批判をしなければならないが、その人がそのような行為に及ぶ背景について具体的に知る必要があるのではないか。たとえば運動団体の一部に、あるいは同和地区住民の一部に、悪感情を抱かせる要素はないと言えるのか、と。

途端《とたん》にフロアーから、「活動家」と称する女性が激しく反論した。

「差別されるのは部落の人の責任だと言うのか。こんな集会の場でそんなことを言ってほしくない」

気まずい雰囲気になった。多くの参加者は、まるで自分が批判されたかのようにうなだれ、盛り上がりかけた討論はしぼんでしまった。分科会の終わった後、参加者の一人が講師をつかまえて小声で言うのが聞こえた。

「思い切ったこと言われますね。私ら行政の人間があんなこと言ったらどえらいことですわ」

実際、たいへんなことになるだろう。しかしなぜこの時、講師の問題提起に対し、率直な意見交換ができなかったのか。私自身も傍聴者の一人であったので、他人のことをとやかく言えないのだが、「同和」と聞けば一方では過敏になり、もう一方では無反応になってしまう現実がある。この現実のもつ意味を考慮することなく、「啓発」や運動を繰り返しても、そこからは何も生まれないのではないか。

前記『「同和はこわい考」通信』の藤田氏はこんなことを書いている。全く同感である。

「部落解放運動は、なにかといえば七〇年の歴史を誇るけど、ほんとの友人をつくってこなかったのではないかとの感慨をいだきます。ほんとの友人とは、苦言や直言を呈《てい》し、ときには率直な批判もしてくれる、気のおけない身近な人のことでしょう。ところがここ二十数年、『部落民でないものは差別者だ』という断定がまかりとおり、協同者であるべき人を萎縮させ、疲労させ、挫折感にさいなまれるような状態に陥らせているのに、いっこうに気づかぬ風情。そんなことでは、いかに人間解放の希求を語ったところで説得力があるはずがない。心底そう思う」(『通信』No.75、一九九三年一〇月一七日付)

第四章　「全国最悪」を語る

I　本音——96京都市長選にて

一九九三年京都市長選挙で惜敗《せきはい》した直後、井上吉郎氏（候補者）はこう語っていた。

「選挙中、マスコミの取材に応じていても、私が同和問題について話しはじめるとその途端、記者はメモを取るのをやめてしまう。これだけ市政の重大問題であるにもかかわらず、マスコミは同和のことを初めから記事にする意思もなければ知る気もない」

京都市長選挙で、「民主市政の会」（共産党や労働組合で構成される政治団体。井上氏を推薦した）側が部落問題を重要な争点の一つに掲げたにもかかわらず、市民的には強い関心を引くまでには至らなかった。

しかし今回の一九九六年選挙（市長が病気のため任期途中で辞任に伴い実施。井上氏は再度立候補したが惜敗）ではそれが変わった。新聞各紙は立候補者の政策紹介をする記事で、この問題を取り上げたのだ。同和行政の問題点を指摘するという報道姿勢こそ見られなかったものの、争点の一つとしては位置づけた。

風穴

それには、一九六九年の同和対策事業特別措置法（同特法）以来、二六年続いた同和対策の特別法が九七年三月で打ち切りになることが確実で、京都府内の自治体でも同和行政の終結へ向けた見直し作業が進みはじめていることが大きく影響していることは確かだ。しかしそれとともに大きな役割を果たしたのは、九三年選挙後も井上氏をはじめ京都市職労や共産党などが継続的に京都市の同和行政の歪みを批判し、同和行政終結を要求してきた運動である。

とくに告示直前の一月二九日、部落解放同盟の推薦を受け選考採用で京都市に採用された清掃局職員が短銃発砲事件で逮捕されたこともあって、今の同和行政が部落問題の解決につながらないばかりか市政全体をいかに歪めてきているかという訴えは、多くの共感を呼んだ。

選挙後初めての市議会代表質問（三月七、八日）でもその影響は鮮明だった。与党から「今回の選挙戦を通じて多くの市民が現在の同和行政に対する不信感をもつに至っていることは肌で感じたことだろう」「職員の不祥事が多発している一因として、職員の採用のあり方にも問題がある。選考採用を廃止し、一般公募による試験での採用にすべて切り替えるべきだ」などの声が出されている。

全国的な流れに背を向けて旧態依然とした同和行政に執着している京都市にも確実に大

きな風穴が空いたのだ。

政争の具

部落問題の取材をしているとよく出会う声に、「同和を政争の具にしないでくれ」というものがある。行政や部落解放同盟関係者からよく聞かされる。

「選挙になると『解同』言いなりの同和行政をただせという声が高くなるが、それは結局票集めのために市民がもつ部落に対する偏見を利用しているのではないのか」「歪んだ同和行政というがその歪んだ行政による施策を受けているのは全解連も同じではないか」（解放同盟市協関係者）……。

一方、同和行政終結を掲げているはずの全解連の会員――とくに古くから活動に参加した会員――からも戸惑いの声を聞かされることがある。

「改良住宅の家賃が安いと言われるがそれは昔、運動によってわれわれが勝ち取ったものじゃないか。運動もしない人からとやかく言われたくない」（全解連竹田深草支部員）……。

これらの意見に私は与《くみ》するつもりはないし、また、それぞれについて論理的な批判をすることもできるかもしれない。だが、すべての問題を「『解同』幹部言いなりの歪んだ同和行政」の一言のもとに切り捨ててしまうことにも納得がいかない。別の言い方をすればそれは、主体的努力を問わずに、行政と解放同盟に部落問題の解決の決定権のすべてをゆだねることにもなると思うのである。

団体補助金

田辺朋之京都市長が病気を理由に任期半ばで辞任し、市長選挙が行なわれることが確定した数日後の一月一九日(一九九六年)、市内で共産党京都府委員会主催の「同和行政終結・市長選挙勝利をめざすシンポジウム」があった。共産党市会議員の報告のほかに、市役所や教育現場の部落問題にかかわる実態が、それぞれの当事者から語られた。

中でも参加者を驚かせたのは、市職労清掃支部のある役員が明かした清掃局のごみ収集現場現業職場(ほとんどの職員は選考採用による採用者)における一部職員の荒廃ぶりだった。勤務時間中に花札をし、定時まで職場にいない。管理職の指示に従わないし、職員としてのまともな研修もできない。またこの数年間に、解放同盟推薦の職員が起こしたスキャンダルの数々。これらのエピソードは選挙戦で、同和行政の歪みを象徴する実態として何度も話題に上った。

ところでシンポでのこの役員の発言は、次のようなことばで切りだされていた。

「全解連は補助金を断ち切るべきだ。同和行政終結を云々するなら、そのことから出発すべきだ……」

「補助金」とは京都市が解放同盟と全解連に対して支出しているお金のことだ。年間約六〇〇〇万円。内訳は解放同盟約四〇〇〇万円、全解連約二〇〇〇万円となっている。この運動団体への補助金は、選考採用、地区・住民の実情が大きく変わったにもかかわらずこの二十数年間見直されずに継続されている個人給付的施策とともに、京都市の同和行政の歪みをもっとも明瞭に示すものとなっている。だが、このことがシンポの席上でも選挙でも、議論になることはなかった。

後日、この発言をした清掃支部役員を訪ねた。

「個人施策の場合、個々の自覚や生活により一律に返上というわけにはいかないかもしれないが、団体補助金の場合は違う。行政の終結、施策からの自立をうたう団体ならすぐにでも断ち切ることはできるのではないか」と彼は力説する。

全解連京都市協としての補助金問題についての態度表明はない。一九九三年に発表した「京都市の同和行政の転換を求める基本要求」には「(行政の)運動団体への過大な便宜供与を一切やめる」との記述があるのみ。市協では「今後については検討中」と言う(その後、全解連は九六年度より補助金返上を決定した)。

同和地区の劣悪な環境が改善され、「地区外」との格差も基本的に解消されたにもかかわらず、「地区」の低位性を最大限強調して行政に対してさらなる要求闘争を繰り返す。一度握ったものはなかなか放さない。灘本昌久氏(京都産業大学教員)はこのような今日の部落解放運動をさして、「同対審しがみつき路線」と呼んでいることを第一章で紹介した。「同対審」とは国の同和対策事業の出発となった答申のこと。灘本氏はおもに解放同盟の現状をさして命名したのだったが、全解連についても当てはまると言わざるを得ない。

全解連京都市協事務局長の川島康伸氏は運動の現状について、「同和行政対応の運動をやってきて、その体質の中で終結をいっても住民は理解しないし支持も得られないと思う。住民、市民と対話を進めると同時に運動の体質も変えていく必要があると思う」(『解放の道京都版』一九九六年一月一〇日付)と自省する。

だが「体質」を変えるに至るにはまだ多くの困難が横たわっている。

「選挙に負けて残念な気持ちと同時に、ほっとしたと感じている会員は少なくない」と話す全解連関係者に、私は何人も出会った。

「丸がかえ」の運動なのか

一九九四年度から九六年度上半期までの同和補助金の金額、対象行事、支出先などが記された一覧表を京都市情報公開条例を使って取り寄せてみた。一九九四年度は五四八一万二〇〇〇円(内訳解放同盟三五三四万二〇〇〇円、全解連一九四七万円)、九五年度は四四五七万八〇〇〇円(同二六〇三万四〇〇〇円、一八五四万四〇〇〇円)、一九九六年度・上半期は一三九三万円ですべて同盟に支出。全解連は同年度より補助金を返上している。

「件名」を見ると、行政による運動団体への「支援」ぶりがよくわかる。自治体が支出する補助金について地方自治法では「公益上必要がある場合においては、寄附又は補助をすることができる」(第二三二条の二)となっているが、こんなものに「公益」があるのかと思われるものも少なくない。市民一般も対象にした行事だけでなく、大会や中央行動などへの代表派遣など、純然たる組織活動にかかる費用や、スキーなど娯楽としか考えられない旅行費用に対しても公金が使われている。行政依存どころではなく、「丸がかえ」と言ってもよいのではないか。また、京都市内で行なわれる行事への代表派遣に数十万円支出している事例もあり、その金額の妥当性にも疑問点が多い。

一九八七年九月、行政が八鹿闘争、狭山裁判闘争や解放同盟の支部活動などに町費を支出したのは違法という判決が、神戸地裁で出ている(確定)。兵庫県八鹿町、養父町、朝来町の住民一八人が提訴したものだ。この判決では、補助金支出違法性の認定について次のような基準が示されている。

(1)当該地方公共団体に財政上の余裕があるか。

(2)どの程度の重要性、緊急性があるか。また「公益目的実現」に適切かつ有効な効果が期待できるか。他の用途に流用される危険がないか。行政全体の均衡を損なうことがないか。

(3)そして、「補助金支出が、目的違反、動機の不正、平等原則、比例原則違反など裁量権の濫用・逸脱となるときには、右補助金支出は違法」となる。

もちろん、この三町住民訴訟判決が断罪した違法補助金には、八鹿高校事件など犯罪行為にかかわるものが多く、今日、京都市の支出する補助金とは内容が異なる。だが判決の認定基準と照らし合わせると、やはり疑問点が多い。

「部落民」再生産

全解連西三条支部（中京区）は約六年前から「行政カンパ」を要求するのをやめた。「行政カンパ」とは支部で中央交渉などに行く際、市の管理職などから「カンパ」の名目で受ける援助である（前述の両市協に対して支給される補助金とは別）。他支部の多くは、その徴収方法の違いはあるものの解放同盟と同様「行政カンパ」を募り、これが支部の財源にあらかじめ組み込まれているというが、西三条支部ではすべて自主財源による運動を行なっている。またこの選挙戦で、「選考採用の特定団体枠をなくせ」と主張してたたかった全解連唯一の支部でもある。支部長の菱崎博氏は、「行政対応型」の運動、行政に対し「物」を要求していくだけの運動から脱却することの重要性を強調する。

「解同との対抗上、そういう運動を組まざるを得なかった時期はあった。でもそれが今日、結果として地区住民を分断し、地区外からも共感を得られない状況をつくりだしてしまった。法期限切れに向けて新しい運動が必要だが、行政に頼り切った運動をしているかぎり展望は見えてこない。そのためにも自前の財源が必要になる」

西三条支部を中心とした粘り強い運動により、部分的にだが地区内施設の地区外住民との共同利用も定着している。また周辺地域で起きた「同和」に関する事件についても、この二〇年あまり地域の労組・市民団体などと協力して解決にあたるなど、「融合」に向けての運動を実践してきている。

菱崎氏自身は早くから行政の施策を返上した生活をしているが、最近「終結後の生活が心配だ」という人から相談を受けたという。

「何が心配なのか。あなたの今受けている施策は何か」と聞いたところ、改良住宅への入居（家賃七〇〇〇円）、銭湯（一六〇円）、子どもの保育料（最高でも一万円）だと言う。

「それらが一般の料金なみになったら生活が立ち行かなくなるのか。あなたのところは夫婦とも働いているではないか」と訊《き》くと、

「そう言われれば困るわけでもない。でも子どもの就職が心配だ……」

その人の子どもの就職はまだ一〇年以上も先の話だ。

「そんな先まで行政を当てにするのか。その子の自立を促す教育をするのが親のつとめではないのか」

同特法施行以後のこの二十数年間、実態が変化したにもかかわらず施策が生活の隅々まで入り込み続けた結果、「行政に依存した意識を日常的にもたされてしまった住民は少な

くない」と菱崎氏は言う。

同和地区内外の格差が基本的に解消した現在、同和対策事業を続ける根拠は何か、あるいはその施策を受給する理由は何か。つきつめれば、そこが同和地区だから、同和地区住民(あるいは元住民)だからという以外にないのではないか。あるいは公衆トイレなどに書かれた落書きをもって差別はまだ厳しい、だから現在の施策も必要なのだと主張するのか。少なくとも、それでは市民的合意は得られない。結局、部落差別をなくそうと言いながら特別の同和対策事業をこの先も続け、それを受給していては、「部落」とそれ以外の地区との間の障壁を再生産し続けることになるのではないのか。行政も運動もこの障壁を失くすためのものではなかったのか。

融合の条件

歪んだ京都市の同和行政の背景には「『解同』言いなりの行政」の問題だけがあるわけではない。ではなぜ、全解連と協力・友好関係にある共産党や労働組合などがこの点を指摘しないのか、疑問に思う。

今回の選挙で大きな反響を呼んだ選考採用の件でも、民主市政の会側の主張は、全解連も採用枠をもっていることについての批判はなく、「特定団体の採用枠を廃止」するという表現しかしていない。補助金については問題にもされなかったし、市議会で共産党議員が補助金問題を追及する場合も「解放同盟、全解連への補助金」ではなく、なぜか「特定団体への補助金」というぼかされた言い回しに置き換えられてしまう。

選挙期間中にあえて「身内」を批判することはできない事情は理解できるとしても、それ以外の場でもこういった不正常な実態を直接批判した例を、私は知らない。部落解放運動史における共産党や全解連、あるいはその他の民主団体の足跡には重要なものがあるだけに、現状が残念でならない。そして個人的に私が残念に思うだけでなく、このことが部落問題解決を遅らせる枷《かせ》の一つになっているように思える。

Ⅱ 信頼――「同和」からの解放・神戸

一九九六年に開かれた神戸部落問題研究集会に参加した。全解連神戸市協議会を中心に市内の労働組合などで実行委員会をつくり毎年行なわれており、この年で一二回目になる。

神戸の部落解放運動や行政の実情については、これまでにも紹介してきた(三七〜四二ページなど)。神戸では、一九八〇年代のはじめまでは京都市と同じように不公正だった個人施策などの同和対策事業を、運動団体と同和地区住民自らの努力で、廃止・一般行政移行への取り組みを進めてきている。その神戸では、地域改善財特法の期限切れを前にどんなことが論議の対象になっているだろうか。

集会の参加者は約四〇〇〇人で会場は満杯。三分の一くらいが行政関係者だった。午前の全体会が終わると途端に参加者が半減するのは、おそらくどこの自治体でも似たようなものだろうが、京都の現状との比較で驚かされることがいくつかあった。

二つの到達段階

まずは基調報告。全解連神戸市協議長の表野賀弘さんは法期限切れに関連して次のように述べた。

「圧倒的多数の同和地区住民が同和施策の恩恵を受けることなく生活してきています。同和対策の終結は、同和という重圧から心を解放することを意味します。同和という重圧からの解放は、市民的自覚を高め、市民的交流を大きく広げる力となることは言うまでもありません……」

同和地区住民のほとんどが施策とは無関係に暮らしているという現状も印象深いが、私がより注目したのは、同和対策の終結が住民のもつ重圧を解き放つという指摘だった。京都での法期限切れをひかえた論議といえば、現行の施策を体裁をつくろいながらどう引き継いでいくか、運動団体が握る特権・既得権をどう維持するか、あるいはいつどうやって手放すかということが中心だ。私自身、これまでの報告で取り上げてきたことといえば、「同和漬け」と揶揄《やゆ》される個人施策事業、運動団体の組織維持が最大の目的になってしまった市職員の選考採用、年間六〇〇〇万円にのぼる運動団体への補助金……といったことだった。とても「重圧からの解放」というレベルでの論議ではないのである。

「(解放同盟の『窓口一本化』を打破した後)不本意ながら全解連と解同のバランスの上に同和行政は進められるようになりました。こんな経過から全解連が(選考採用を)返上したら、また解同が独占するのではないか、京都市が責任をもって公正で市民が納得できる採用をやるのかどうか心配するんです。私たちは職免も団体補助金も返上しました。これから主体性、自立した組織にしていきたい。井上さん（一九九六年京都市長選候補者）が、市長になったら、完全に一般行政に移行するたたかいをしていきます」（傍点引用者）

　これは一九九六年九月一八日に行なわれた「同和シンポジウム」（主催・教育と自治、人権を守る大運動実行委員会）での全解連京都市協の篠本静夫議長の発言だが、京都市の行政と運動の到達段階を象徴的に表したことばだと思う。

「やっぱり同和か……」

　神戸市長田区。ここは一九九五年一月一七日の大地震とその後の火災によって、被災地の中でももっとも壊滅的な被害を受けた。アーケードの鉄骨だけを残してすべてが焼けてしまった商店街、建物が崩れ患者が生き埋めになった市民病院……震災直後からテレビに繰り返し映し出されたあの地域である。二年近く経った今もあたりを少し歩くだけで傷痕の深さを確認することができる。

　同区の中央部に位置するのが全国でも最大規模の同和地区・番町《ばんちょう》だ。徹底的に破壊された周辺地域に比べここは改良住宅建設が進んでいたため、被害はまだましなほうだった。それでも地区内約二四〇〇戸のうち、約一四〇〇戸が全半壊、人口約五五〇〇人のうち、四二人が亡くなっている。改良住宅も一棟が倒壊、五棟が使用禁止になった。

　今、地区を訪れると、大型のダンプカーが頻繁に出入りし、あちこちが高い塀で囲われている。公営住宅の建設、建て替え工事が行なわれているのだ。

「この建設ラッシュを見て、やっぱりあそこは同和だ。優遇されている、と思っている市民も中にはいるようです」

全解連神戸市協書記長の森元憲昭さんはうんざりしたように言う。大勢の市民が劣悪な仮設住宅暮らしを余儀なくされている一方で、同和地区住民だけは同和対策事業でいち早く公営住宅を建ててもらっていると誤解しているわけだ。しかし、震災後、同和地区がとくに優遇されている事実はない。現在の公営住宅建設工事は、崩壊した改良住宅の建て替えや震災前から建設されることが決まっていた計画が着工されているにすぎない。まったく新規の公営住宅一棟の建設工事が行なわれているが、これは同和対策事業としてではなく、一般の震災復興事業で行なわれている。

住宅だけではない。これまで運動団体も住民も、被災対策を同和対策事業で行なうよう要求したことはない。震災後しばらくして、ある同和地区の自治会の一部から同和対策事業での復興を要求する声があがったことがあった。通常ならともかく、住む家も失われた非常時だ。一日でも早くもとの生活に落ち着きたいという思いはみんな同じはずだ。まだ特別法があるのだからこの際これを活用したらどうか——と。

しかし全解連はもちろん住民の多くも行政もそういった声に同調することはなかった。震災は同和地区内外に関係なく被害を与えた。いくら困っているからといってわれわれだけが特別扱いされる理由はない。それに手続き的にも同和対策事業は時間がかかり現実的ではない。——全解連のメンバーらがそう主張すると、一時、同和対策に傾きかけた住民もほとんどが納得したという。

いつまで「部落民」でいるのか

神戸市内の同和地区では都賀《とが》（灘区）がもっとも大きな被害を受けている。家屋の全半壊は全戸数の九〇％にあたる五一〇戸、死者二〇人。戦前からの木造住宅・アパートが多かったのが被害を大きくした要因だと指摘されている。都賀は市内でも一番同和対策事業が遅れた地区の一つだった。

震災から三カ月間、都賀に住む吉岡勇さん（六四歳）は妻、娘とともに、自動車の中での生活を続けた。自宅は潰れ（半壊）、とても住めるような状態ではなかった。避難所となった生活文化会館（隣保館に相当）も人であふれかえり、やむなく車に避難した。吉岡さんは一九七〇年に地区の部落解放同盟の支部が結成されて以来、地元の部落解放運動の中心を担ってきたが、震災直後から避難所での炊き出しや救援物資の運搬・分配、火災防止の夜回りなど、被災者の救援にあたった。

都賀地域でも現在、公営住宅建設の運動が起こっているが、同和対策で何とかしてほしい、という要求ではない。あくまでも一般の復興事業での建設を要求しているし、その運動自体、周辺地域との共同で進められている。

吉岡さんによると、一九八〇年代に入って神戸市の同和行政が大きく見直される以前から、都賀では施策への依存度は低かったという。解放運動への住民の関心が弱かったという見方もあるが、全体的に経済面でも就労面でも教育水準の面でも周辺地域と比べて著しく劣っていた状況ではなかったことが大きな要因だった。周辺地域との交流も進んでいたし、さらに同和行政を利用して特権を得、組織を拡大していこうという団体が存在しなかったことも影響している。

「みんな震災以前も同和施策とは無関係で生活してきたから……。自分が『部落民』という意識もほとんどないです。だから家が潰れたからといって急に『じゃあ同和で』なんて誰も考えません」と吉岡さんは話す。

「同和」に寄りかかる意識も理由も何もない。もうこれ以上「同和」の名の付くものは何もいらない。一般行政でしっかり対応してもらえれば結構なことだ、とも言う。

神戸市が全国に先駆けて、改良住宅の家賃適正化(値上げ)、個人施策への所得制限導入・段階的廃止などをはじめとする同和行政の見直しができた理由として、神戸市がオール与党とはいえ共産党も加わる革新自治体だからだ、解放同盟の勢力がきわめて小さいからだ、という指摘を聞くことがある。そういったことも遠因としてはあるかもしれないが、私は運動団体と地区住民との関係がもっとも大きな原因と感じる。特権や施策を媒介にすることなく、部落問題の解決を最大目標に置き、信頼と要求で結びついている関係。そしてそれは、地区内の運動として完結するのではなく、たえず地区外に開かれた取り組みなのである。そういったことがあるからこそ、震災後、運動も同和行政も「逆流」することがなかったのではないか。

ところが、私がそういった感想を森元さんに言うと、即座に「否定」された。

「そんなたいそうなことをやっているつもりはない。ごく常識的なことをやっているだけだ。『そういう施策や事業がいま必要なんですか』『それで部落問題がなくなるのですか』と地域の人に問いかけているだけです」

全解連神戸市協は一九九六年五月、「同和対策の一般行政への移行の意義」「同和行政の終結への道」「不適正な同和行政の解決」などを柱とする、きわめて具体的で詳細な「提言」を神戸市に提出した。「提言」という形をとってはいるが、四半世紀以上にわたって続けられた同和行政に、今この時点で完全決着をつけるための全解連の決意表明書とも読める。

自由な論議と監視

冒頭紹介した神戸での研究集会で、もう一つ驚かされたことがあった。私が参加した分科会「人権啓発・教育の問題点を考える」でのことである。パネラーは全解連幹部、教育研究者(退職教員)と集会実行委員長も務める大学教授の三人で、司会は神戸市職員だった。

討論の中で大学教授が全解連の意見を手厳しく批判するのである。私がこれまでたまたま出遭わなかっただけかもしれないが、公的な場で目の前にいる運動団体幹部の意見に批判を加えるという事実にびっくりさせられた。しかも二〇人ほどの分科会参加者も司会者も、批判された当の幹部も特段いつもと違うことが起こっているという様子ではないのである。

後日、司会をしていた市職員に話を聞くと、あんなこと少しも珍しいことではないと言う。むしろそういうことを特別なことととして受け止める私のほうがいぶかしげな目で見られた。これも神戸の実情を象徴的に示すエピソードだと思う。

歪んだ行政の責任の多くはもちろん行政自身にあるには違いない。だがその実態について、民主団体といわれる組織や市民一般が、行政と運動団体に対してどれだけ批判的な目を向けてきたか、考えさせられた。

Ⅲ　監視——行政と運動の歴史が意味するもの

荒廃する職場

私はこれまで個人施策を中心に今日の京都市の同和施策の問題、それに対応する部落解放運動団体の問題について、数年間にわたって報告してきた。本書の終わりにあたって、さまざまな立場で同和行政、部落問題についてかかわっている方々から、現状の見方、今後の方向性について話を聞いた。

まず、京都市職労清掃支部支部長の山下明生さん。「選考採用」者の多くが清掃の現場に就く。この間、恐喝や詐欺、暴行など市職員の不祥事が続発しているが、彼らのほとんどがここで働いていた。同支部所属の組合員で一連の事件に関係した者はいないが、当然のことながら周囲の風当たりは強い。京都市職員が加入する組合には主に、「連合」系の自治労京都市職労と「全労連」系の京都市職労の二つがあり、両者の組合数は拮抗している。なお、解放同盟は自治労京都市職労と、全解連（人権連）は京都市職労と、それぞれ協力関係にある。

「選考採用」によって、市ではなく、事実上運動団体の「選考」でさまざまな人材がやってくる。なかには社会人として問題があると思われる人物もやってくる。そのことによって清掃の職場にどのような弊害が生まれているか、以前にも紹介したが、何回聞いても驚かされる。ある現場では、「スヌケ」と称する無断早退が横行し、勤務時間中のマージャン、花札も珍しくない。そういった状態を管理職はただそうともしない。当局が毅然とした態度をとらないなか、一人の管理職の努力でどうにかなる状況ではもはやないからだ。

「真面目に仕事をしようと入ってきた職員も、こういった環境の中で次第に流されていくケースが多い。選考採用は現状では、同和問題にとってなんの成果もあげていない」と山下さんは言う。

市職労本部はもとより、清掃支部としても団体に採用枠を与えた選考採用を即時廃止し、すべて公開公募に移行するよう要求している。

京都市ではこれまで同和対策事業を舞台に、行政ぐるみでかかわった不正事件が数多く起こり、訴訟にもなっている。公金不正支出、カラ接待、カラ出張、土地買収代金ピンハネ……。こういった事件を弁護士の立場から追及してきた村井豊明さんは腐敗の実態を目の当たりにしてきた。

「同和対策室の帳簿（一五三〜一六四ページ）を見るとほとんどの毎日のように運動団体の役員と飲み食いに明け暮れている。市は同和事業を進めるうえで必要な会合だったと言い訳するが、誰と何の目的で飲みに行ったのかさえ、いっさい明らかにできないし、税金を使っての接待漬けは許しがたい」

こういった現状が刷新されないかぎり、同和行政にかかわる不正はいつまでたってもなくならないし、いまだにベールに包まれた部分も多いと言う。

「これまでの同和行政に対する批判は、選挙や事件が起こったときにいろんな団体が実態を告発していくというやり方が多かったが、これからは情報公開条例などを使って日常的に内部の実情を明らかにしていくことが求められると思う」

「全体の奉仕者」の放棄

部落解放センター（京都市北区）三階に事務所をおく京都部落史研究所の所長、師岡佑行《もろおかすけゆき》さんは歴史研究とともに、解放運動のあり方に対しても積極的な発言を行なっている。全解連や共産党とは異なる立場からだが、師岡さんもまた、現在の京都市の同和行政、運動は全国的にいっても一番遅れた問題を抱えていると見ている。戦後の解放運動は、部落の劣悪な実態は行政の責任だとして、行政にいろんな事業や施策を要求する「行政闘争」がその中心を占めていたが、その「闘争」自体の再検討が必要だと言う。

「行政闘争の原型で典型なのが『オールロマンス闘争』だ。解放同盟も全解連もこの闘争は今でも肯定的に評価しているが、今日から見ればそうとは言えない面もある」

闘争以後、それまでの何倍もの同和行政予算が組まれ、環境改善などが進んだのは確かだが、同時に行政と運動がリンクしてしまった。差別行政と糾弾された市は、運動が要求するままに、地域の課題なら何もかも責任を負わされるようになった。そうして、京都市政全体の中で同和行政をどう位置づけていくのかということを欠落させたまま、とにかく部落だけを囲い込み、事業が続けられた。

「たとえば私の自宅近くの老人福祉センターは、旧山科村役場の建物をいまだに使っている。利用者は多いのだが、そこは冷暖房もなく雨漏りがするなど、とにかく酷い状況だ。改善を自治会で再三要求しても市はいっこうに応えようとしない。その一方で部落には施設をたくさんつくる。つくること自体悪くないが、明らかにアンバランスが生じている。そういったことはいろんな点で指摘できる。京都市は同和行政をやることによって、本来公務員の立場である『全体の奉仕者』であることを放棄してしまったのだ」

オールロマンス闘争があまりにも「行政闘争」の典型であったために、京都において、行政と運動のリンクは容易に解けず、行政としての「全体性」の喪失も他都市に比べても顕著だった。その結果が今日の状況を招いている。運動の原点を今日の視点からもう一度見直すことによって今後の運動の方向性を考えていくべきだと、師岡さんは主張している。

主体性以前の問題

全国の同和行政の流れから見た京都市の特徴について、部落問題研究所（京都市左京区）理事長、杉之原寿一さんがまず指摘するのは市の主体性の欠如である。

「不公正乱脈ぶりが市民の批判を浴びても市議会で三度にわたって是正が決議されても、市理事者はそのすべてを握りつぶし改めようとしない。あるいは同和問題懇談会で意見具申を作成するときも、まず部落問題解決の理念から議論しようと主張する委員の意見を茶化してしまう。京都市の同和行政は全国でももっとも遅れた自治体の一つだが、そういった姿勢こそがいつまでたっても事態が改善されない大きな理由だと思う」

最近論議になる機会が増えてきたというものの、まだまだ同和行政の実態が市民的には知らされていない。不公正乱脈の克服に成功した自治体には共通点がある。それは、今いったいどんなことが行なわれているのか、広く住民に暴露されていることだ。それを知った市民が怒り、立ち上がっていく。いくら一部の人たちが行政に主体性を確立せよと迫っても、それを要求する市民の力が弱ければどうにもならない、と杉之原さんは言う。そして実態の暴露、つまり市民の力を結集する中心となるべきなのは、やはり全解連であると、期待をかける。

だが、全国的に共通する問題ではあるが、その全解連の運動にも、行政の事業や施策の「受け皿」としての運動に矮小化してしまっている面についても言及する。

「ある自治体で特別養護老人ホームをつくるよう行政にはたらきかける市民の会ができ、全解連支部もそれに参加した。ところが財源の問題で行政側が建設は難しい、しかし同和地区にはつくると言ってきた。すると途端に全解連は市民の会の活動に消極的になり、そもそも市民の会に入ったこと自体が間違いだったという意見も出ているという例もある。今日に至っても地区を対象にした特別対策を要求する運動、『同和』の枠内の運動では支持は得られないし、問題の解決にもならない。同じ課題を抱えている人々との共同を追求する運動形態に変わっていかなければ展望はない」

部落問題を語る「立場」

戦後の日本の民主主義運動の中で、部落解放運動はもっとも強力に戦われ、もっとも多くの成果を勝ち取った運動と言えるだろう。そして何より、この運動に参加した大勢の人の中に、強烈な人権意識を植え付けていったという点においても特筆されるものだろう。少なくともその初期においては。かつて京都には、そのもっとも進んだ行政と運動が存在していた。それが数十年後の今日、全国でももっとも深刻な問題を抱え込み、いまだ容易に解決の方向に踏み出せないでいる。

部落解放運動の戦後史をみると、運動というものが、どのような理念と方法で人々の心をとらえ成長していくのか、そしてその運動は、どのような領域に立ち入ったとき腐敗・

堕落をはじめていくのか、一つのテキストのように示唆しているようにも思う。

最後に、私自身が取材を通してとりわけ痛感してきたことを再度述べ、結びとしたい。

第一に、部落差別をなくすために行なわれているはずの同和行政の有害性である。事業や施策は、今や差別や格差があるから、その対策として行なわれているわけではなく、単なる「部落民」対策、あるいは運動団体幹部対策という色彩が強いのが実情だろう。選考採用の実態を見ればそのことがよくわかる。住民の就労の機会が差別によって閉ざされており、不安定な就労を余儀なくされ、貧困を再生産しているといった現状がいまだあるから、この制度を継続しているわけではない。住民の暮らしがかつてとは大きく変わっているにもかかわらず、ただ運動団体の既得権要求のために続けているに過ぎない。

行政が打ち切られれば、その日から部落問題がすべて解決するわけではもちろんないが、継続することに何の意味があるのか、何も見つけることができない。運動団体はしきりに「行政依存」型の運動からの脱却を掲げてはいる。この選考採用について決着をつけないかぎり、その達成はほとんど不可能と言っていいだろう。

第二に、行政に対する監視の不十分さである。突出した事件が起きると、当然市民の関心が向き、批判の声も高まるが、「事件」追及だけでは現状はどうにもならない。合理性を欠く行政・事業は今も続けられているが、それは事実上見過ごされてしまっている。問題なのは「事件」だけでなく全体なのだ。政党など特定の団体だけでなく、市民的な監視下に、同和行政を置かなければならないことの必要性を痛感している。

　そして第三に、同和行政、あるいは部落問題について語る場合、ともすれば二者択一を迫られる。つまり解放同盟側か全解連か、どちらの立場に立つのかと。私のルポに対しても、直接間接にそのような苦言を呈する声に出会うことが再三あった。そういった「立場」を旗幟《きし》鮮明にすることに意義があるテーマも確かにあるだろう。しかしそういったところからはとらえられない、説明のつかない問題も厳然と存在するのも事実である。あらかじめ設定された「立場」からではなく、目の前の現状から論議をはじめることの大切さを感じている。とくに全解連も解放同盟とともに、行政と深いかかわりを持ち、既得権を守ることにこだわっている現実がある京都市において、一方の側に肩入れした見方では、現状打開の光は見えてこないことを強く感じている。

第五章　何も解決しない「差別への怯え」

I　座礁――奪われた人事権と売買された採用枠

前章の「監視――行政と運動の歴史が意味するもの」の中で「かつて京都には、そのもっとも進んだ行政と運動が存在していた。それが数十年後の今日、全国でももっとも深刻な問題を抱え込み、いまだ容易に解決の方向に踏み出せないでいる」と書いた。この記事を雑誌に発表したのが、一九九七年三月だったので一五年以上の時間が経ったことになる。

あれから紆余曲折を経て、二〇一二年現在、京都市は大きな変貌を遂げた。一五年前の私には想像もできなかった状況が生まれている。本書刊行を機に、この間の京都市の同和行政と解放運動の変化を促した大きな転機について触れておきたい。

矛盾噴出の二〇〇六年

初めの転機は二〇〇六年である。この年、同和対策事業にかかわるショッキングな事件が相次いで報道された。大阪市では市から淀川区の駐車場管理の委託を受けていた財団法人飛鳥会の小西邦彦・元理事長（解放同盟支部長）が〇三年四月からの二年間で売上金約二億三〇〇〇万円を着服したなどとして逮捕された飛鳥会事件、奈良市では市職員が虚偽の病気休暇・休職を繰り返して〇一年からの五年半で八日しか出勤していないのにもかかわらず、同じ時期に解放同盟幹部としては行政交渉に参加し、また親族が経営する建設業者として市役所内で強要事件を起こし逮捕された事件などが相次いで起こり、関西地区では大問題となった。京都市でも、一時期沈静化していた市職員の犯罪・不祥事がこの年一気に増え(というか例年水準に戻っただけだったのだが)、さらにその罪状の衝撃的内容とも相まって、大阪、奈良、京都――この三市における長年にわたって蓄積した同和行政にかかわる問題が広く報道された。

京都市職員の犯罪・不祥事は、本書ですでに触れたとおり遅くとも一九九〇年代以降、市議会では繰り返し問題視されてきた。だが質・量とも異常な事態が進行していようと、議会内での議論に留まっている限り、市当局にとってはそう大したダメージとはならない。共産党議員などから議会でいくら厳しく追及されても、のらりくらりとやり過ごし、「よりいっそうの綱紀粛正にとつめる」と一応は口にするだけで、実際何の改善策も採ってこなかった。

ところがこの年の様相は異なった。大阪、奈良との「相乗効果」もあるだろうが、マスコミの報道量が激増、これにより市役所がどんな異常事態に陥っているのか、市民が詳細に知ることになった。市民の怒り、行政不信は沸騰した。市長ら市幹部は連日謝罪に追われた。市は「信頼回復と再生のための抜本改革大綱」を策定し、市職員の犯罪・不祥事問題根絶を初めて市政の重点課題として位置づけた。議会も「市民の信頼回復と服務規律に関する調査特別委員会」を設置、徹底追及する姿勢に転じた。

以下の文章は月刊誌『ねっとわーく京都』二〇〇六年一二月号に発表したこの当時のレポートである。

市長在任中の逮捕者九〇人以上

保育所作業員が無免許運転と覚せい剤使用容疑で逮捕されたのを受け、一〇月二〇日（二〇〇六年）に緊急に開催された京都市会「市民の信頼回復と服務規律に関する調査特別委員会」の冒頭、委員会委員長（自民党）は、出席した市理事者に向かってこう怒りをぶちまけた。

「続発する不祥事にもう言うべきことばが見つからない。あえて言うなら、信頼回復に向けて船出したと思ったら、オールをこぐのを邪魔する者がおり、いきなり座礁してしまったようなものだ」

自民党が、今頃になって不祥事の責任をすべて当局になすりつけるのは、いささか厚かましいとは思うが、委員長の怒りはおそらく市会全体のものだろう。

市長はじめ市幹部が繰り返し陳謝し問題解決を誓っても、たいそうな「大綱」（信頼回復と再生のための抜本改革大綱）を策定しても、あるいは懲戒処分を連発し、今後も厳罰でのぞむと警告しても、はたまた議員全員が対策に頭をしぼってみても、市職員の犯罪は止むことがない。市上層部がどんなに締めつけを強めても制御できないのだ。

末端の荒廃はもはや手の施しようのない再生不能な状況に陥っているのではないか。一九九六年に初当選して以降一一年目の桝本頼兼市長在任中、市職員逮捕者は実に九〇人を超えた。

この日の委員会が開催された時点で、同年度だけで逮捕された市職員は一三人、一〇月だけでも三人が逮捕されている。その罪状は例年とそう大差はないのだが、その一部を紹介しておこう（結局、同年度の市職員逮捕者は犯行時在職していた者を含めると一五人に上った）。

▽四月二一日（逮捕日＝以下同）、環境局職員（男・三〇歳）＝女子中学生二人に現金を渡してわいせつ行為。

▽五月八日、環境局職員（男・五六歳）＝自家用車にナイフを所持し、同僚職員（女性）らを脅迫。

▽下京区役所職員（女・四四歳）＝登校中の中学生の通学かばんが自家用車のドアミラーに接触したことで言い争いになり、中学生に暴行。

▽六月三日、環境局職員（男・二八歳）＝武富士のATMをゴルフクラブで破壊。

▽七月二四日、南区役所職員（男・三四歳）＝生活保護応急援護金の水増し請求・着服。生活保護受給者への貸付金の着服などの窃盗容疑でも再逮捕。
▽七月二六日、環境局職員（女・二六歳）＝覚せい剤使用。
▽七月二六日、環境局職員（女・二五歳）＝覚せい剤使用。
▽八月一一日、環境局職員（男・三三歳）＝上記二職員に覚せい剤を譲渡し、自らも使用。
▽一〇月一七日、保育所作業員（女・三六歳）＝無免許運転。のち覚せい剤使用容疑でも再逮捕。公判では市職員になる前の一九九二年と九五年に、やはり覚せい剤使用で有罪判決を受けていたこと、さらにはひき逃げ容疑も判明。

「エセ同和行為だ」「京都市に任命権はなかった」

現段階では市の「大綱」も市会に設置された調査特別委員会も不祥事に対し効力を発揮しているとは言いがたい状況だ。それでもいくつかの注目すべき資料が公開され、また、おもに共産党委員の追及により、「同和」の威光を笠に着た職員により荒廃してしまった職場の実態の断面が浮き彫りになってきている。

そのもっとも象徴的な事例が一〇月二日（二〇〇六年）の市会調査特別委員会で、加藤広太郎委員（共産党）が明るみに出した「月三日しか働かない職員」のケースだろう。

加藤氏の委員会での追及によると、この職員は都市計画局都市計画課の公用車運転手である。

「俺は月に三回働いたらよいと言われ、部落解放同盟の推薦を受けて現業職員に採用されたといい、『俺のバックには解放同盟京都市協の幹部がいる』ということをちらつかせる。他の職員もこのことを熟知しており、『運転してくれ』(働いてくれ)と言えない実態がある」

この職員の二〇〇六年四～八月の運転手としての走行実績は次のとおりだった。四月＝三日間・二二キロ、五月＝三日間・四一キロ、六月＝五日間・一〇四キロ、七月＝三日間・三五キロ、八月＝三日間・五五キロ。五カ月間で運転した回数はわずかに一七日間で二四七キロ。運転時間も合計二三時間足らずだ。一カ月平均で七六キロ(他の運転手は平均二〇〇～八〇〇キロ)、四時間四九分にしかならない。奈良市の「病欠」職員には及ばないが、自ら放言するとおり「(同盟幹部から)月に三回働いたらよいと言われ」たことを実践しているわけである。

職員は一九七四年に清掃局運転手として採用されて以降三二年間同様の勤務実態だったというが、それでも二〇〇〇年一〇月には「統括主任」に昇級し、現在の年収は八〇〇万円近くになるという。

しかしこの職員のケースで、より注目すべきなのは桝本市長の答弁のほうである。

「同和問題を背景にした異常な事態だ。『同和』といえば指導できない現実、なぜ放置されてきたのか」とたたみかける加藤氏に対し、桝本市長はこう述べた。

「原因は明確である。エセ同和行為が横行し、職員がそれに対し明確に問題点を指摘することができなかったということだ。膿を出し切り、厳正、断固たる措置を取っていきたい」

さらに市長は委員会閉会後も、記者団に対し「(この職員は)同和地区出身であることを脅しの材料に使うなど、同和問題を悪用する行為があったと考えられる」と繰り返した。

これまでの市長の姿勢から見ると、かなり思い切った発言だろう。

この日の委員会で市長は、もう一つ一歩踏み込んだ発言をしている。まち美化事務所などの問題職員に対して、現場でまともな指導が行なえず、処分もされてこなかった責任を追及する倉林明子委員(共産党)に対する次の答弁だ。

「採用時に、部落解放同盟や当時の全解連に優先雇用枠を与えた。その結果、任命権まで京都市から運動体の一部の人物に行ってしまった。そこにもっとも大きな問題があると考えている」

これまで議会でどれだけ追及を受けようと、市長は職員の犯罪・不祥事問題と同和対策事業(「同和選考採用」)との関連を否定してきたが、一連の騒動の中でようやく認めたのである。議会外に広がった市民の怒りの前に、これ以上曖昧な態度を取り続けていると自らの立場を失うと判断したのであろう。

「同和」「差別」をネタにした職場での傍若無人な振る舞いと人事権の委譲。関係者にとっては「常識」の範疇に入る事実だが、現職市長が議会の場で明言したことは重大であろう。

ここにこそ京都市を深刻な荒廃させてしまった背景を解く鍵があると思う。

「こんなやつを公務員にするのか」

ところで、京都市が運動団体に人事権を委譲したことによって、どんな状況が生まれてしまったか、二、三事例を紹介しておきたい。

人事権を掌握した運動側は、いったいどのような人物を市職員として送り込んできたのか。労働意欲や公務員としての適性などが重視されていたわけではなかった。運動団体の推薦基準についてはすでに第二章で述べたが、再度確認しておこう。

今日同様、同和選考採用者の不祥事――婦女暴行、覚せい剤所持、恐喝、詐欺、発砲事件などが続発していた一九九六年当時、部落解放同盟京都市協議会事務局長は、私の取材にこう答えている。

「この間の不祥事は推薦の基準にズレがあったことは認める。選考採用は地区住民の生活安定と就業の促進の一環としてやってきた。しかし現実には組織拡大に使ってきたことは事実だ。公務員としてふさわしいかどうかという論議よりも、運動にどれだけ参加してきたかということを基準にしてきた」

こんな無責任な基準で推薦者が決められ、京都市はそれを例外なく採用していけば、公務員として到底ふさわしくない何人もの人物が職場にもぐり込んでくるのは、当然である。

選考採用は、運動団体にとって組織拡大の重要なツールだっただけでなく、文字通り「金のなる木」だった。推薦を得るために団体幹部に金品が渡される事態が生まれたのである。このことについては、『ねっとわーく京都』二〇〇六年一〇月号の「緊急大型座談会」で「私は某地区で市の現業職に就いた人が運動団体に一五〇万円積んだ領収書を手にしている」とのリアルな証言もある。

最近私が取材した解放同盟元幹部も次のように断言する。

「幹部の身内は別としてそれ以外の人が推薦される場合、金を積まんといかん場合が多かった。選考採用末期の相場は一〇〇万~三〇〇万といったところだったか。そんななかにはこんなやつを公務員にしてほんまに大丈夫なんかと、こちらが頭を抱えてしまいたくなるような人物もおったよ。金払って就職したのに何で真面目に働かんとあかんのやと言わんばかりのやつもいたな」

事業が食いものにされ、不良職員を絶えず供給する制度であるだけでなく、運動自身が腐敗の度を深めていく制度だったのである。

当初より売買されていた「採用枠」

採用をめぐる金品の授受はいつ頃からはじまったのか。選考採用自体、すでに一九六〇年代には地区住民の雇用対策として行なわれていたが、京都市の説明によると、公式な制度として実施しはじめたのは一九七三年からだという。しかし制度化された当初より、金品の授受は常態化していたようである。このことは解放同盟の内部文書に明確に記されている。

一九六五年、部落解放同盟京都府連は、朝田善之助委員長のグループ（朝田府連）と、朝田氏の路線を部落排外主義だと批判する副委員長の三木一平氏らを中心とするグループ（三木府連。後に全解連を結成）とに分裂するが、解放同盟京都府連（朝田府連）は一九七〇年代にも再分裂している。

一九七二年から七四年にかけて、長く府連トップに君臨する朝田氏の路線を「右翼融和主義」「運動の私物化」などと批判するグループ（中心は駒井昭雄氏）が反旗を翻した。最終的には同盟中央本部の意向を受け、駒井氏らの反朝田グループが府連の実権を奪取することになるのだが、分裂の主要な原因の一つが、京都市の同和選考採用の推薦枠をめぐる対立だった。

駒井派は、朝田氏が「自分の一存で気に入ったものだけを市当局に推薦」「反対に、気に入らないものははじめから朝田氏の判断で採用しないよう行政に働きかけ」ている実態を批判（『解放新聞京都版』一九七八年九月一五日付）、これに対し朝田氏は、「（駒井派の動きは）自分たちが自分たちのしんせき《ママ》・縁者らを中心にあつめた履歴書にもとづく、採用を実現するため、ドウカッとヤユをもっておこなっている行動」に過ぎないなどと反論し

た（『解放新聞京都版』（朝田派発行）一九七三年八月六日付）。

駒井派は一九七二年八月「雇用促進委員会」なる組織を結成、朝田派との全面対決に突入するが、この委員会が作成した「雇用促進要求闘争要綱」には、当時の選考採用の実態がいかに歪んだものか、語られている。

「議員、部落ボスの間で、雇用人員の割り当ての奪い合いがおこなわれたり、さらには、職員の昇格までも、行政と議員、部落ボスの政治的取引によっておこなわれている。その結果、部落大衆は、議員、部落ボスに金銭、物品を贈って、就職、身分の昇格を頼むという、まったく不正常な競争が生まれている」

またこんな驚くべき実態も記されている。

「（選考採用は）部落民としての自覚を高める行政効果とは逆に、ダミンをつくり、ヒロポン中毒、アルコール中毒者等がチェックできなかったり、雇用後の適正なる生活指導ができていないため、職場において、種々の問題をかもしだしている。このことが、差別を拡大、助長、再生産しているのである」

蔓延していたのは金品の授受だけでなく、なんと、採用された職員の不祥事もすでにこの時期、表面化していたのである。

京都市によると、一九七三年から二〇〇一年度まで選考採用で採用された職員は六〇〇〇人を超える。全員が公務員の「身分」を金で手に入れたわけではなかろうが、その半分の三〇〇〇人が一人一〇〇〇万円を積んだと仮定しても、採用をめぐって三〇億円もの金が飛びかった計算になる。これだけの金が動けば、行政機構や制度だけでなく、採用枠拡大を要求する運動自体が、大きく歪んでしまったのもまた必然と言える。

同和選考採用とは何だったのか

選考採用制度について批判的意見を述べると、運動団体（解放同盟、人権連／全解連とも）から必ずこんな反論が来る。「事件を起こしているのはごく一部の職員だ。あたかも全体が問題であるような指摘は部落に対する差別の助長につながりかねない」と。

実際に事件を起こしているのはごく一部の職員であるというのはその通りであろう。問題なのは、運動団体のさじ加減（あるいは積まれた金の多寡）によって職員採用が決められてきた制度なのだ。こんなシステムを続けていけば、市は問題職員を抱え込まざるをえない。極端に言えば、仮に不祥事を起こす職員が一人もいなくても、この制度は問題を孕んでいたといえよう。批判する人たちは、この論点を避け差別問題にすり替えようとしている。今に至ってもかつて自分たちに「採用枠」を与えられていたことに無反省でいる組織である以上、理解してもらえない論点なのかもしれない。

また、現時点で生じている弊害は認めるものの、この制度が過去、地区住民の生活安定に果たした意義を強調する声は、今もよく耳にする。地区内住民の有業者の三〇％以上、多い時期では五〇％近くが公務員となっているわけなので、安定したのは事実だろう。

しかしそのことが部落問題の解決に結びついたかどうかは別問題である。部落解放同盟京都市協議会が委託した研究者らでつくる「京都市部落実態調査研究会」が一九九二年七月にまとめた「中間報告書」によると、一九七二年から七六年（すなわち選考採用制度がスタートした当時）の同和地区内の高卒就職者のうち、平均して七三％が従業員三〇人以上の民間企業に就職していたのだ。差別と貧困によりまともな教育を受ける機会やこれといった技術も持ち得なかった当時の一部の中高年層は別として、若い世代において選考採用制度がなければ、まともな就職先もなかったという状況では、決してなかったといえる。

むしろ選考採用制度により、運動団体の幹部の推薦が得られればフリーパスで京都市に就職できる（しかも昼過ぎには退庁できる）となったことで、就職をひかえた高校生や若い住民の中に、「どうせ団体の推薦で市に入れるから勉強してもしかたない」といった安易な風潮が生まれたことを注視すべきだろう。

前出の解放同盟元幹部はこう指摘する。

「選考採用は部落問題の解決という点でも弊害が多かった。地区有業者の三〇～四〇％が市職員という現実をうんだが、その過程で一部の子どもや若い人の意欲を奪ったと言える。本来なら高校や大学を卒業していろんな進路の選択が可能だった人も少なくなかったと思うが、それが選考採用によって勉強しなくても、努力しなくても公務員になれるという状況を前に、生きる意欲を削いでしまった。このことは行政も運動団体も重く受け止める必要がある」

同盟元幹部の言だが、私は双手《もろて》を挙げて賛成したい。だが、行政も運動も重く受け止めることはついになかった。

なお、この年の一二月、解放同盟京都府連は、同盟に所属する市職員が犯罪・不祥事を繰り返したことを猛省し、組織としても原因を究明するため、京都市内全一一支部の三カ月間の対外活動を停止する処分を発表した。この団体が反省を口にするのは極めて異例のことだが、その後この問題についての原因も改善策も市民に提示することなく現在に至っている。しかし、活動停止以後、市内の解放同盟組織は急速に弱体化した。

Ⅱ　強要――便宜供与の片棒を担ぐ行政

二〇〇八年京都市長選挙の驚き

二〇〇六年に矛盾が噴出した同和対策事業を要因とする職員の犯罪・不祥事問題について、市長が政策的な誤りを認めても世論の反発をおさまることはなかった。

二年後の二〇〇八年二月に行なわれた市長選挙にも影響を及ぼした。三期一二年で引退する現職市長の後を継ぐ市教育長の門川大作氏（政党では自民、民主、公明が推薦）、市民オンブズマン団体のリーダーとして、長年市の同和行政の問題点是正に取り組んできた弁護士の中村和雄氏（同じく共産推薦）、独自の立場からこの問題に取り組み、世論喚起に大きな役割を果たした元市会議員の村山祥栄《しょうえい》氏（無所属）ら四人が立候補。選挙戦では全員が、犯罪・不祥事問題を含めて同和行政にかかわる問題を重要な争点として掲げた。この論戦をマスコミも積極的に取り上げたことで、同和行政の問題点が公然と市民の前で激しく語られるという、極めて珍しい状況が生まれた。

選挙の結果、門川氏が当選を果たしたが、次点の中村氏との得票差は九五〇票余り、得票率にして〇・二％という僅差だった。同和行政に対する市民の積もりつもった不満、不信が中村氏支持に流れたと見られている。

私が京都市の同和行政の取材を始めたのが一九九〇年代初め、それ以降何度も京都市長選挙を見てきたが、「同和」をめぐる状況がこれほど変わるものかと、驚かされた。同和行政に対する市民の不信、終結に言及するマスコミ報道に触れ、長年このテーマにこだわってきたものとしては、感慨深いものがあった。

ところが選挙戦本番に突入以後、各陣営の論調に違和感を持つようになった。「同和」の言葉こそ盛んに飛び交うが、いったい何が問題とされているか、報道量の増加に反比例し、見えにくくなっているように感じたのだ。

というのは、二〇〇八年二月の時点で、京都市は特別行政としての同和行政をほぼ完全に廃止していたのである。同和奨学金の返済を行政が肩代わりする制度を除けば、同和対策事業と呼べるものは残っていなかった。市民の怒りの的となった犯罪・不祥事問題にしても、その要因となる選考採用制度は〇二年三月末でとっくに廃止されている。過去、教育委員会幹部として市が解放同盟に補助金を不正支給していた問題に門川氏が関与し、裁判所から賠償を命じられたことも選挙中繰り返し指摘されたが、それも一〇年近い前の話だった。運動団体への補助金制度自体やはり〇二年三月末で廃止されていたのだ。同時期ともに矛盾を噴出させていた大阪市や奈良市の見直されない残事業、同和特別扱い政策に比べると、京都市のそれまでの同和事業見直しの取り組みは高く評価されてもいいくらいだったのだ。

それなのに、市政を批判する側、市民の側の間には、まるで今なお京都市は歪んだ同和事業を継続し、問題を膨らませているかのような空気が広がっているように見えた。京都市あるいは門川氏からすれば、濡れ衣を着せられたようで、その点では気の毒ではあった。しかし、そういった空気は根拠のないものとは言い切れない面もある。形式的な同和事業はなくなっていたものの、行政内部には過去の不合理な同和行政により蓄積された膿は硬くこびりついたまま、放置されていたのは事実だからだ。おそらく、同和行政に不信を抱いた市民の多くはこういった事実を日々の経験から直感的に感じとっていたのであろう。

形の上で同和対策事業が終結した後、いったいどういった課題が残されているのか、象徴的な事例を挙げておこう（月刊誌『ねっとわーく京都』二〇〇八年三月号のレポートに加筆）。

「あり得ない話だ」

京都市職員の犯罪・不祥事問題が連日マスコミをにぎわしていた同じ時期、京都市は市内のある警備会社を職務強要罪で警察に告発していた。当時この事実は公表されなかったが、翌二〇〇七年七月、小さな新聞記事で明らかにされる。

職務強要の被告に実刑　「市の公平性にも問題」

京都市発注の駐車場整備工事を巡り、市の指示を撤回させようとしたとして職務強要罪に問われた被告（39）の判決が11日、京都地裁であり、米山正明裁判官は懲役1年を言い渡した。

判決によると、被告は昨年7月、市発注の工事で、施工業者から依頼を受けて派遣した警備員を外すよう市に指示され、市住宅室の担当職員を「お前らの首が飛ぶぞ」などと脅し、指示の撤回を求めた。

判決で米山裁判官は、市の担当職員が施工業者に「地元と調整ができていない警備員を立たせるのは困る」と説明したことなどから、「同和関係団体の申し入れを考慮したことがうかがわれる」と判断。

（『朝日新聞』二〇〇七年七月一二日付、傍点は引用者）

「地元と調整」とは何をさしているのか。「同和関係団体の申し入れを考慮」とは何か。この判決記事が出たあと、市住宅室住宅政策課に事実関係を確認してみた。

担当職員は「施工業者の下請けの手続きに不備があり警備会社を撤退させたに過ぎない。判決は被告側の主張を一方的に認めたもので、地元から申し入れを受けたとか、それにより市が下請け業者を差し替えさせたなどあり得ない話だ」と強い口調で答えた。京都市会財政総務委員会(二〇〇七年八月六日)でも市は同趣旨の答弁をしている。

裁判所が判決で理由もなく「同和関係団体」に言及するはずないし、一方市の回答も断固としたものである。どちらが本当のことを言っているのか。残念ながらこのときは報道された以上のことを知ることができなかった。

だが、その後事件の裁判記録を閲覧する機会を得た。結論を先に述べると、判決の通り、「同和関係団体の申し入れを考慮したことがうかがわれる」と言わざるを得ない対応を京都市側がとっていたことが、公判廷の中で明らかになっていた(なお〇七年九月、被告が控訴を取り下げたことでこの判決は確定している)。

「錦林の誰に呼ばれて行くのか」

事件は二〇〇六年九月、京都市が京都府警に被告らを告発したことで刑事事件化した。事件の概要を京都市の告発状をもとに確認しておこう。

京都市左京区錦林《きんりん》地区では老朽化した改良住宅(同和対策事業として建設された市営住宅)の建て替えが行われ、すでに一～三棟を取り壊しK1棟と呼ばれる新棟が完成、二〇〇五年一一月入居も完了している。

続いて四棟を除却してそこに駐車場を整備することになっていた。二〇〇六年三月、入札の結果、この駐車場整備工事を京都市伏見区のK工業が二五〇〇万円で落札した。四棟の解体工事が予定より早く同年七月一三日に完了、七月三一日より駐車場整備工事が始まることになった。京都市はK工業に対し、工事現場の安全確保のため七月一八日から三〇日までガードマン一人を現場に配置するよう指示した。

ところが、ガードマンが配置されることになっていた七月一八日朝、京都市住宅室担当課長補佐がK工業の現場責任者に携帯電話で確認したところ、K工業側の手配が遅れたため、この現場責任者自身がガードマンとして立っていることがわかった。市側は早急に警備会社を決定しガードマンを立たせるよう指示。同日午後、課長補佐が再度、K工業現場責任者に連絡を取ると、「一一時からすでに警備会社のガードマンを立たしている」との回答を得た。

K工業が配置したのはG警備社(京都市南区)のガードマンだった。施工業者が下請けに出すときは事前に「下請負通知書」を市に提出することになっている。K工業は未提出のままG警備社に下請けさせていた。課長補佐が「下請負契約が整っていないではないか」と質すと、現場責任者が「整っていない」と答えたため、市側はG警備社のガードマンを撤退させるよう指示した。

K工業側も市の撤退指示に応じた。おさまらないのは下請けのG警備社だった。この日夕方、G警備社の二人がK工業の現場責任者とともに市役所に乗り込んできた。

Ｇ警備社の二人は、住宅室課長補佐及び担当課長に対し、「撤退の理由を教えろ」と要求、市側が「下請けには説明できない。Ｋ工業に説明するからそっちから聞いてくれ」と返答した。押し問答が続くうちにＧ警備社の二人は興奮しだし、「お前らの首が飛ぶぞ」「誰かに脅かされているのか」などという言葉を吐いた。

翌一九日、課長補佐が「Ｋ工業に下請けの警備会社を選定させる必要があるため、地元（錦林地区）に調整に行く」とＫ工業現場責任者に連絡すると、前日、市に乗り込んできたＧ警備社の一人がこのことを知り、課長補佐に電話をかけてきた。そして「錦林の誰に呼ばれて行くのか。わしは指をつめることになるかもしれんのや。お前はへんな動きをするな」などと脅迫したというのだ。実際この課長補佐はこの日、脅迫により地元との調整に行くことを断念せざるを得なかった。

京都市は市役所に乗り込んできたＧ警備社の二人を職務強要の罪で告発した。

理由を説明せず撤退命令

事情はどうあれ、Ｇ警備社二人の言動は許されるものでなく、罰せられて当然であろう。だが、京都市はなぜいったんＫ工業が現場に立たせたガードマンを追い返さなければならなかったのか。しかもあとで述べるが、市側はＫ工業からガードマンを配置した旨連絡を受けた当初は異議を唱えなかったのに、数時間後に突如撤退させろと指示しているのだ。

市は前述の通り、施工業者（K工業）から事前に下請負通知書が提出されていなかったためだと説明するが、どうも市側の説明は不自然なのだ。

事実、市側は下請負通知書が未提出だったことについて、初めは何の問題にもしていなかったのである。G警備社の二人に脅かされた住宅室課長補佐の裁判所での証言によると、ガードマンを配置することになっていたのは七月一八日（月曜日）からだが、その前週末までにK工業から事前通知がなかったのにもかかわらず、問題視することも催促することもしていない。一八日当日、住宅室課長補佐がK工業現場責任者からガードマンを配置した旨、初めに連絡を受けたときも通知書を提出するよう要求することもなかったと証言している。

さらに奇妙なことに、一八日夕方、被告人らが市役所に怒鳴り込んできたときも、G警備社を撤退させた理由が下請負通知書が未提出だったためであるとは、ひと言も説明しなかったと、この課長補佐は認めている。

契約を済ませてG警備社のガードマンを配置したと思っている両社にとって、市の言い分は理解しがたいものだったはずである。

判決もこの点について、書類上の「不備が上記撤退のおもな理由であったとは考えがたい」と指摘している。では撤退させた真の理由は何なのか。それが「同和関係団体」の存在だった。

解放同盟支部長の下請け斡旋

府警に提出した告発状の中に、七月一八日夕、役所にやってきたG警備社の二人に担当課長補佐は、撤退理由をこう説明したと記載されている。

「ガードマンの手配が地元下請け予定者と契約が整っていないということであったので撤退してもらった」

これだけではわかりにくいので補足すると、今回の駐車場整備については地元のR建設が下請けさせろとK工業に求め、K工業側が難色を示していた事情があった。役所に怒鳴り込んだ被告も課長補佐からこう言われたと供述している。

「課長補佐から聞いたのは、もう『地元が地元が』しか言わなかったですね。(「地元がどうって言ったんですか」と問われ)そこを聞いたんですけども、いや、地元に言われてますんでっていう形でしか返事はいただいておりません」

K工業の現場責任者もまた裁判の中で、七月一八日の午後三時頃、京都市からガードマンの撤退を電話で指示されたとき、その理由として「正式でないガードマン、あと地元の要望に添っていないというふうに言われました」と証言している。

京都市はなぜ地元業者R建設の意向をそれほど重視しなければならなかったのか。ここで登場してくるのが部落解放同盟錦林支部支部長で「二一世紀錦林まちづくり推進研究会」

会長代理なのである。

錦林まちづくり推進研究会とは二〇〇〇年三月に地元の解放同盟、全解連(人権連)両支部、駐車場委員会など七団体と京都市によって設立された。改良住宅建て替え事業の地元側窓口となる活動をメインとしている。現在、主要な役職は同盟、人権連の支部幹部でほぼ独占、〇五年六月に会長が病気のため辞任して以来、同盟支部長が会長代理として会のトップに立っている。

裁判での住宅室担当課長補佐、K工業現場責任者の証言によると、駐車場整備工事が始まる前、工事の事前説明会が開催されている。出席者はまちづくり研究会から三人、市から約一〇人、業者側が四人だった。行政から一〇人も出席したことにK工業の現場責任者は驚かされ、同和地区だから行政は特別の対応をするのかと異様に感じたという。

説明会はあいさつ程度で終わったが、その翌日、市の課長補佐から現場責任者に電話がかかってきた。「地元の支部長が名刺交換をし忘れたと言っている。あいさつに行って欲しい」

前日の説明会であいさつしたばかりなのに、もう一度あいさつに行けと行政のほうから言ってくるとは実に奇妙な話である。だが、現場責任者は今後の工事のスムーズな進行を考え、市の指示に従った。支部長との面談でどんな話が出たのか。

「地元にR建設というところがあるので、そちらのほうのビジネス的な話を聞いてやって欲しいという要望がありました。地元の有力者の方が言っておられるんで、一度くらい話を聞いてみようということになりました」

支部長が斡旋したR建設とは、実は自分の息子が経営する建設業者だった。団体の肩書きを利用して、しかも行政を間に立たせて施工業者を呼び出し、そこで自分の家族の関係する業者への下請けを依頼したわけである。

K工業とR建設との「ビジネス的な話」は不調に終わる。R建設側の要求が法外なものだったからだという。公判の中で、R建設からこんなことを言われたと現場責任者は証言している。

「まず、工事を丸投げして欲しいというのがありました。できませんと答えると、ほんなら管理の部分だけ抜いた二〇〇〇万円くらいで出してくれへんかということを言っておられました。(「半脅しのようなことも言われたのか」と問われて)いちばん記憶に残っているのは、私らに工事を出さないと工事ができひんようになると」

K工業現場責任者がそう言われたのは、ガードマンの配置が始まる四日前のことだったという。

金縛り状態は続く

現場責任者は「半脅し」をかけられたことから、ガードマンをG警備社にまかせる決断ができないまま、ガードマンをつけなければならない七月一八日を迎えることになった。とりあえず初日は自分自身が現場に立つことにし、あとは会社会長と相談することにした。

前述の通り、朝、現場責任者は住宅室担当課長補佐から電話で「正式なガードマンでないと困る」と指示を受ける。一方会社会長にこれまでのR建設のやり取りを報告、ガードマンをG警備社にさせることで話がまとまった。現場責任者は同日一〇時半頃、警備の現場にやってきた住宅室課長補佐及び担当課長に、一一時からG警備社のガードマンを配置できると伝え、一一時過ぎ、再度電話でガードマンが配置についたと報告した。このときの市側の反応は「ふーんという感じでした。わかりましたと言っていました」といったものだったという。ところが同日三時頃、現場責任者の携帯にこの日何度目かの京都市からの連絡が入る。

「錦林に立たせている警備員を帰らせろ」

いったんはガードマンの配置を認めたかに見えた京都市に、この一一時から三時までの数時間に何があったのか。

この日朝、施工業者の現場責任者がガードマンをしていることを知った住宅室担当課長と課長補佐は、すぐに「二一世紀錦林まちづくり推進研究会」会長代理をつとめる解放同盟錦林支部長の職場（京都市上下水道局）に報告に出向いているのだ。法廷で証言に立った課長補佐は多くを語らないが、このとき支部長からかなり厳しく叱責を受けたことをにおわせている。

市の「告発状」にはいっさい記載されていないが、一一時過ぎにK工業からガードマンを配置し終えたという連絡を受けた後も、担当課長らは再び支部長の職場を報告のため訪ねているのだ。正規のガードマンが配置されたことを報告するためだった。

被告代理人　そこで支部長から言われたことは何ですか。

課長補佐　安全に施工できるものとしてやってくれと。

被告代理人　正式に手続きをとらないといけないとつめられたりしませんでしたか。

課長補佐　それはありません。

と、京都市がガードマンを撤退させたことと、支部長の職場訪問時との話し合いの内容とは無関係であると主張するが、京都市がガードマン撤退を指示するのはこの訪問の直後のことである。二回目のこの支部長訪問で、おそらく市側に撤退させなければならない事情が発生したのではないか。

裁判記録ではこのあたりの事情がはっきりしなかったが、京都地裁判決の翌年、京都市が事件関係者に行なったヒアリング調査(なぜ判決後に市がヒアリングを行なったかについては後述)でそのおおよそのことがわかった。二回目の支部長訪問時には、市住宅室の別の課（すまいまちづくり課）の担当課長も同席しており、市のヒアリングに対して次のように答えているのだ。

この担当課長によると、G警備社のガードマンが配置されたことを支部長に報告したとき、「支部長は怒っていたと記憶している。顔色を変えて目つきが鋭くなって怒っている雰囲気はあった」というのである。そして支部長から叱責を受けたその場で、課長補佐がK工業の工事責任者に「今いるガードマンを撤退させろ」と電話したと証言している。しかも課長補佐がK工業側に告げた撤退理由は、市が表向き繰り返している正規の下請けの事務手続きが終わっていないというものではなかった。事情聴取記録から以下該当箇所を引用しよう（本文中、市がマスキングしている部分は引用者の判断で復元した）。

当局（事情聴取者）　その場で課長補佐が支部長から怒られて携帯で（K工業の現場責任者に）電話していたのか。

担当課長　課長補佐は「地元の人が怒っているので」と電話の相手に言っていた。私はそれは違うやろ、行政の主体性で決めるものであり、言い方がおかしいと思った。

当局　支部長は課長補佐にどのように電話するように言っていたのか。

担当課長　（地元との）協議が終わっていないので工事を中止するようにと言っていた記憶がある。

当局　支部長は何を怒っていたのか。

担当課長　工事の安全確保ができていない、地元との協議ができていないのに強引に工事をするのかということであったと思う。

このすまいまちづくり課担当課長の証言は、公判廷で明らかになった事実、地裁判決が指摘した事実に合致する。公共工事の落札業者が誰に下請けさせるかなど、地元と協議して決める筋合いのものではないはずだと思うのだが、京都市の場合、必ずしもそうではなかったのである。

判決は次のように京都市の対応を批判している。

「発注者が工事の平穏な進行をのぞむこと自体は理解できるが、契約をした相手の企業がどの企業を下請に出すのかに関する問題について、他の団体の申し入れや要求を受けて、合理的な理由を示すことなく、とりあえず方針の一時変更ないし留保をするような姿勢を示すことは、行政の公平性及び透明性の見地からは問題」である。

それにしてもこの程度の報告のために、勤務中の地元有力者（解放同盟支部長）の職場に一日に二回もはせ参じなければならないものか。地元有力者の下請け斡旋の片棒を担がされたり、その有力者を異常といえる丁重さで遇し、その意向に振り回されていること。判決で厳しく問題点を指摘されながらも、いまだそのことを認めようともしないこと。京都市は〈同和〉の呪縛から未だ脱せず、悲しい役回りを受け持っていることが痛感させられる。長年にわたって続く不正常な同和対策事業、行政と運動団体の関係が、いかに行政の体質をも歪ませ、それが今日まで維持されているか、典型的に浮き彫りにされている。たとえ乱脈な同和事業が終結されても、行政内部にはびこった悪弊が自然になくなるわけではないのである。

なお、解放同盟錦林支部長に事実関係を確認するため、事前に質問状を送付し取材を申し入れたが、「お断りします」との返答だった。

追記：取材当初、「同和団体の要求で市が下請け業者の選定に口を出すなんて、あり得ない話だ」と断固否定していたが京都市だったたが、本文記事が雑誌に掲載されてしばらくして、にわかに支部長や当時の住宅室関係職員に対するヒアリング調査を行なった。その結果、二〇〇八年三月二八日付けで上下水道局職員である錦林支部長を「文書訓戒処分」、事件当時の住宅室職員二人を「厳重文書訓戒処分」とした。事件当時の市の対応の不適切さを認めたのだった。

Ⅲ　転換——「差別」の強調は不信と反発を招く

総点検委員会「報告」の衝撃

京都市の同和行政が大きな変貌を遂げる第一の転機は、二〇〇六年だった。噴出した職員の犯罪・不祥事問題で京都市側が窮地に追い込まれたことで、それまでの同和対策事業の弊害を明確に認めるとともに、その異常な実態を自ら公にしたときである。今、市役所はどういった事態に陥っているのか、多くの市民の共通の認識となり、市は大きな方向転換を迫られることになった。

もう一つの転機となったのが、二〇〇八年二月の京都市長選挙である。すでに触れたとおり、このときの選挙は、同和行政が抱える問題が争点化して混戦になったが、市政継承を掲げ、自民、公明、民主が推薦した門川大作氏が辛くも逃げ切った。当選直後、門川市長は、「京都市同和行政終結後の行政の在り方総点検委員会」（総点検委員会）を設置した。これは選挙時の公約に掲げていたもので、外部の有識者の手によって、これまでの京都市の同和行政の問題点の点検と今後の課題について明らかにし、抜本的な刷新に取り組もうという趣旨でつくられたものだ。約一年間の議論を経て、二〇〇九年三月、総点検委員会は報告書をまとめ、市長に提出した。市長は「報告」内容を最大限尊重して実行に移すと明言した。これまでの体制側に支えられて当選した市長とはいえ、選挙結果を前にして、同和行政を踏襲していては、市政は行き詰まらざるを得ないと覚悟したのであろう。

この「報告」は、容認しがたい面がいくつかあるのは事実だが、基本線において、行政が抱えてきた問題の本質を突く、すぐれた内容を持つと思っている。長く取材をし、利権と不合理にまみれた「往時」の実態を目の当たりにしてきた私から見ると、驚くべき内容といってもいいくらいだ。

「報告」には、これまでの京都市同和行政が抱えてきた根本的な問題点について、結論的に述べた部分がある。そこにはこう記されている。

「京都市における同和問題に関するこれまでの行政は、市民に閉ざされたものであった」

「京都市においては、そのことを率直に反省し、今後の行政が市民に開かれたものになるよう、行政が刷新されることが何よりも必要である」

また、これからの行政においては、「企画段階から実施状況、その評価にいたるあらゆる段階において、市民参加者、情報開示が行われるよう留意すべきである」ことも繰り返し強調している。そして、「同和問題を真に解決し、人権文化の息づくまちづくりを進めていくうえでは、住民の自立はもとより、同和行政に対する市民の不信感を払拭する必要があり、今日的視点から、抜本的かつ速やかに見直すべきである」とも述べているのだ。

京都市に限ったことではないが、市民が同和行政・同和事業に疑問なり不平を口にすると、解放同盟はもちろん、行政側も、それは市民の「ねたみ意識」であり、そういった疑問・不平自体、部落に対する差別意識の現れだと断じられ、へたをすれば「差別発言事件」として祭り上げられることもあった。市民の疑問に行政が説明責任を果たすこともなければ、耳を傾けることすらやって来なかった。だが、「報告」では、市民に不信感を呼ぶ施策をやっていることこそが問題なのであり、同和問題の解決の阻害要因にもなっていると、明確に指摘したのである。

同時に、「オーディナリーな行政」に努めろとも繰り返し述べている。「オーディナリー」と馴染みのない表現を使っているが、要するに普通の行政をやれということである。同和対策事業特別法があったときはもとより、それがなくなった後も実際は、同和行政や運動団体を特別扱いしてきたことを強く批判している。

これまで行政に問題解決を促す指摘は、行政は主体性を持てとか、運動団体には毅然と対処せよとか、市民の理解と共感を得た取り組みを進めろ、などという表現でなされてきた。しかし、この総点検委員会「報告」のトーンは明らかに違っているのである。

細かな点の説明は省略するが、上記のような観点に立ち、市は方向転換を図りはじめた。たとえば、コミュニティセンター(旧隣保館=同和地区における行政の総合センター的機関)からの市職員引き上げおよび一般のまちづくり支援施設としての改編を、解放同盟からの強い抵抗などものともせずに断行した。また長く問題になっていた改良住宅（同和住宅）での不正入居などの一掃にも取り組んでいる。さらに、前記錦林地区駐車場整備をめぐる強要事件に見られるような、運動団体やその幹部に対する特別扱いもやめた（実際にはまだ多少残っているようだが）。

不満点はいろいろあるが、京都市は大きく問題解決に舵を切ったと見てよいだろう。なかでも市の方向転換の本気度を私が認識したのは、いわゆる啓発事業に対する姿勢の変化だった。以下、月刊誌『ねっとわーく京都』二〇〇九年一〇月号掲載のレポートに加筆したものである。

「どこが部落か」と聞かれたら

部落差別の実態は依然厳しい――こう主張する人たちが、「厳しさ」の証拠として挙げるのが、公衆トイレなどの落書きやプライベートな会話中の発言、インターネット掲示板上の書き込みなどの場での「差別行為」である。

近年、これらに加えて、部落の所在地を役所に問い合わせる事例も、重大な差別事件として部落解放同盟らによって問題視されるようになっている。二〇〇七年八月、滋賀県で起こった事件がその典型だ。東近江市在住のA氏が夜間、隣の愛荘町役場に電話をかけ、「〇〇（地名）は同和地区か」と問い合わせた事件である。

東近江市当局は、電話があった直後より電話主A氏から繰り返し事情聴取し、〇八年二月、「A氏は二〇年〜二五年前の疑問をはらそうとして同和地区かどうかを知ろうとしたのであって、そこに差別行為を行う要素を感じ取ることはできなかった。差別とはいえない」とする「見解」をいったんはまとめた。

A氏はただ単に同和地区かどうか知りたいと思ったから聞いたに過ぎず、知ったことで具体的な差別行為に及ぼうとする意思も可能性も感じられなかった。問い合わせたことをもってただちに差別だと断定することはできない、ということなのである。「同和」にかかわることだからといって決して特別扱いすることなく、冷静に判断したすぐれた内容の「見解」だと思う。当時の市長は保守系だった。

「どこが部落か」との問い合わせはすべて差別だという断定は、偏見以外の何ものでもない。たとえば学校で部落問題を学び関心を持った生徒が、「校区内に部落はあるのですか」と教師に質問するのはあり得る話だろう。映画や小説に感動し「実際の部落をこの目で見てみたい」と思った人が役所に所在地を尋ねることだってあるかもしれない。また、東近江市のA氏のように、他意はないのだが行政が常々やかましく言っている同和問題の対象となっている地域はどこにあるのか知りたいと思う市民だっているだろう。問題とすべきは問い合わせの目的、あるいは知ったあとの言動なのであって、部落の所在地を尋ねること自体にあるのではない。

ところが、二〇〇九年二月の市長選挙で、民主党などが推薦する候補者が当選するや、新市長は市の「見解」の見直しを表明する。そして、同年六月に開かれた解放同盟東近江市協大会に出席し「現段階(差別がある)で地区名を聞くことは『差別である』」と明言し(『解放新聞』二〇〇九年七月六日付)、「明確な差別をするしないの意思があるかないかは関係なく同和地区を調べたり、教えたり、表示することは差別であり許されない」とする同盟県連と歩調を合わせることを約束した。そして翌年二月には解放同盟に沿う形で市としての「新見解」をまとめた。

他の自治体の対応

ところで、他の自治体では、こういった「地区所在地の問い合わせ」問題が発生した場合、どう対処しているのだろうか。いくつかの自治体担当者に聞いてみた。

【大津市政策調整部人権啓発課】

地対財特法失効(二〇〇二年三月末)後、同和地区は行政的に存在しておらず、また行政として、旧同和地区という把握もしていないので、どこが地区か回答できない。線引きは難しいが問い合わせはすべて差別だとは考えていない。問い合わせ理由によっては運動団体を紹介するなどといった対応をとることも考えられる。

【京都市文化市民局市民生活部】

従前は問題視していたが、現在は問い合わせの趣旨を確認したうえで対応する。趣旨が不明確な場合は回答しないし、悪意のある場合は指導の対象とするが、運動団体にすぐさま通報するようなことはしていない。同和問題について学習したいなどといった理由のときはツラッティ千本、柳原銀行記念資料館といった市内の学習施設を案内する。

【大阪市市民局人権室】

基本的に問い合わせ自体差別であると考えている。そこに住んでいる住民が地区出身者かどうか特定することになるからだ。対応としては、まずどういった理由で知りたいのか聞いたうえで、その人に部落差別について理解していただくチャンスと位置づけ、問い合わせの背景にある意識を聞きだし啓発する。ただ問い合わせの趣旨によっては一概に差別といえない場合も考えられ、面談の上話を聞くこともあり得る。

【神戸市保健福祉局人権推進課】

なぜ問い合わせるのか理由を聞いて、問題があるときは啓発する。しかしそのことを運動団体と一緒になって社会問題化するような取り組みを神戸市は以前より行なっていない。同和地区はすでに存在しておらず、どこが旧同和地区でどこに旧同和地区施設があるのかという把握もしておらず回答のしようがない。理由いかんにかかわらず行政として回答する必要性はない。学習・研究目的に知りたいのなら市に聞かずとも、別の方法があるのではないか。

「同和」特別扱いやめた京都市

各自治体とも、原則はその種の問い合わせには応じないというものだが、考え方、対処法にはかなりの開きがある。大阪市のようにスキあらば市民の「差別意識」を啓発することに意欲を燃やすところもあれば、神戸市のようになぜ行政がそんな質問につきあってやらなければならないのかと、突き放して考えているところもある。

私がもっとも意外に思ったのは京都市の回答である。これまでのような「同和」というだけで過敏な反応を取ることなく、柔軟な姿勢でのぞんでいると感じたからである。上記のこと以外に京都市の担当者は、人権啓発の考え方についてこう説明した。さらに驚かせる内容だった。

「心の中にある差別意識というものは、その人の内面の問題でもある。行政が内面に踏み込んでもいいのか。行政の施策だけで解決をはかれる問題でもないことを認識すべきだと思う。行政の考え方を押しつけるだけでは、市民の反発を招くばかりで共感は得られない。また、いたずらに差別を強調したり、市民の理解を得られない特別扱いを続けていては逆効果になる。そういった行政の対応が差別を助長しかねない。これからの啓発は市民の自主的活動を促し支援する方向にシフトしていきたい」

過去の京都市の同和啓発事業、あるいは同和行政の弊害を自覚した方針転換である。うかつにも見逃していたが、京都市はその数年前から、同和問題を強調したり、特別扱いすることをやめていた。

『全国のあいつぐ差別事件二〇〇八年度版』(部落解放・人権政策確立要求中央実行委員会発行)によると、〇七年一年間で京都市関係で次のふたつの「差別事件」が起こっている。

ひとつは、〇七年四月一七日、北区役所に年配と思われる男からの電話。男は「あそこの土地は安い、安いのは問題があるからだ。エタが好き放題やっている」などと放言、応対した職員が「それは差別発言です」などと指摘したが、男は好き放題わめき続けた末、一〇分ほどで一方的に電話を切ったというもの。

もうひとつは、同年四月二三日、地下鉄東西線東野駅改札での酔っぱらいの暴言。夜一〇時半頃泥酔状態の男が改札台の上に腰かけ、駅員に「名刺を出せ」と大声で要求。駅員が「持っていない」などと答えると、泥酔男は「自分は韓国人だ、韓国人を差別しているのか。解放同盟に言いつけるぞ。お前らはエタ、非人のことを知っているか」などと怒鳴り散らした。駅員は「そういう差別発言はやめてください」などと応じたが、男の態度が改まらず、たまりかね警察を呼んだというもの。

電話暴言男と泥酔男。いずれも常軌を逸した人物の特異な発言といえる。一般的には、困ったおっさん、非常識なやつという受けとめで、誰もまともに相手にしないものだ。こういった事例をもって部落差別の厳しさが顕在化したなどとは誰も思わないはずだが、従来の京都市なら、一六七ページでも紹介した「同和問題に係わる差別事象の処理に関する要綱」に基づき、「すわ大事件！」と押っ取り刀で解放同盟事務所に馳せ参じ、対応策の指示を仰ぎ、市民の差別意識はまだまだ根強いと嘆いていたことだろう。そして、解放同盟から行政の啓発事業が不十分だからこういった深刻な差別事件が起こるのだと詰められ、新たな同和事業の拡充を要求されたものである。

だが、このとき市は、二件とも解放同盟に通報することもなく処理している。解放同盟に報告したのは四カ月以上も経った八月二七日だった。別件での連絡事項があったので併せて報告したのだという。同書によると、「『さまざまな差別事件がある中で、部落差別だけすぐに提供するのはいかがなものか』との市内部の考えもあり、『まとめて報告しようと思った』という対応であった」という。

まさに「差別」の強調や同和問題の特別扱いはマイナス効果を招くとする前提に立った対処だったといえる。当然、解放同盟側からは「要綱」に基づき対応せよと抗議を受けたが、市はまったく相手にしていない。それどころか、二〇一〇年三月末をもってこの「要綱」自体を廃止している。

隠すこと、強調することの弊害

人権啓発に関して、京都市の変化をうかがわせる興味深い事例を挙げておきたい。市の広報紙『市民しんぶん』(二〇〇九年五月一日付)に、「地域体育館、コミュニティセンターへ行ってみよう!」と題する記事が掲載された。市内各地にある両施設の住所、電話番号をまとめた一覧表とともに、各施設がどこにあるか略図で示し、広く市民に利用を呼びかける内容である。

多少なりとも知識のある人なら、地域体育館もコミセン(コミュニティセンター)も旧同和地区施設であることくらい知っているはずだ。つまり、あえて言えば、行政が広報紙を通じて全市民に対し、同和地区所在地一覧表を載せたことになる。解放同盟滋賀県連や東近江市長からすれば、卒倒しかねないほどの強烈な「差別事件」ということになろう。

市の担当者は掲載の意図をこう説明している。

「体育館もコミセンも今や市民誰もが利用できる施設であることをPRするための記事です。たしかに、記事を見て悪用される可能性はないとはいえないが、それより市民全体の財産である施設の存在を周知し、多くの人に使ってもらうことによるメリットの方がはるかに大きいと考えています」

市民は必ず差別するものだと決めつけ、差別に怯えるだけでは何もできない。今の時代、同和事業で建てた施設を今も特別扱いし、市民の目から隠そうとすることより、施設を拠点に地区内外の交流を促すことで得られる啓発的効果の方がはるかに高いということなのである。

長期計画の全面改訂

京都市の啓発事業での姿勢の変化を示すもう一つの事実は、二〇〇五年三月に策定した「京都市人権文化推進計画」を一〇年四月に改訂したことである。人権文化推進計画とは、〇五年度から一四年度までの一〇年間の市の人権施策の基本方針を定めたものだ。改訂箇所はおもに「同和問題」の項で、行政としての現状認識を全面的に書き換えている。

たとえば、旧版では、同和地区の生活実態は改善されたが、「市民意識、教育など、同和問題を解決する上で課題はまだ残されて」いるとし、陰湿な差別事件の続発や地区の子どもたちの低学力や高校中退率の高さ、大学進学率の低さなどを問題視している。そして今後は「個々のニーズに応じた一般対策を的確に実施し、今日までの大きな成果が損なわれることが内容取り組む」ことを約束していた。つまり、部落問題の課題はまだ多い。特別対策は終結したが、行政は一般対策で今後も地区住民の面倒を見るということだ。

これに対し、今回の改訂版では、結論部分こそ旧版と同様「個々のニーズに応じた一般対策を的確に実施し……」となっているが現状認識は大きく変わっている。人権侵害につながるおそれのある行為は見受けられ対応を要するケースもあるが、「同和問題の解決に向けて大きく前進し、市民の間で人権尊重の意識は着実に定着しつつある」と言っているのだ。一方、これまでの取り組みにより、「負の側面を生み出したことも事実であり、市民の間に同和行政に対する不信感を生み出し、同和問題の真の解決の支障となっている」と指摘、総点検委員会「報告」を受けて、さまざまな見直しを行なっていることを明記している。そしてこれからは「オープンな（開かれた）行政、オーディナリーな（あらゆる意味において特別でない、普通の）行政、行政の行政依存からの脱却という三つの視点に基づき今後の行政のあり方を刷新する」と宣言しているのだ。

変化をどう評価するのか

京都市のこういった変化をどう理解すべきか、意外なことに、これまで同和行政が抱える問題解決にかかわってきた人々の中でも、この間の市の変化についての関心は低い。おそらく総点検委員会「報告」をまともに読んだ人もそう多くはないのではないかと思っている。ありがちなことだが、何か事件や不祥事が起こり矛盾がわかりやすい形で目の前に現れると、問題解決に向けての意欲が湧いてくるものだが、問題が起こっていない現状では、関心を呼ぶこともない。これは何についても言えることで、私自身、たまたまずっと自らのテーマとしてきたから注目しているだけであり、そうでなかったら、総点検委員会の報告書などわざわざ取り寄せることもなかったかもしれない。

また、多少なりとも関心を持っている人たちの間でも評価は分かれていると思う。――解放同盟や旧時代の実力者との関係など表向き整理されてきたことは事実だが、内実はわかったものではない。長年にわたって行政組織深部に染み渡った悪弊は数年で解消できるほど甘いものではない、といった批判もあり得るだろう。表面は取り繕っているが、同和行政をここまで腐敗させた市の責任を曖昧にしている、という指摘もある。

私自身、判断しかねる面もある。おそらく水面下では、弊害は行政組織内部にまだこびりついているのかもしれない。しかしそういったことは、同和行政に限らずどの分野でもあり得る話であり、かつてのように公的な制度・施策に保証された利権というものではない。もはやこれを同和行政にかかわる問題とは言えないのではないか。

改訂された「人権文化推進計画」に明示された京都市の認識は、私を含めこれまで同和行政の不公正・乱脈ぶりを批判してきた人たちのそれに近いはずだ。つい数年前まで考えられなかった大きな変化だと言える。行政が長期計画をあえて改訂してまで、認識の転換を明らかにした意味は大きい。二〇〇八年二月の市長選挙を頂点とする市民の世論の力で勝ち取った成果と考えるべきであろう。

物事が一気に進むことは少ない。また、これまでの乱脈同和行政を中心的に支えてきた一人である現市長のもとで、自らを含め歴代市幹部の責任追及を期待するのは現実的な態度とは言えない。すべての問題解決を行政当局の手にゆだるのではなく、この大きな変化に注目し、後戻りしないよう監視しながら、いまだ残る課題に取り組んでいくべきではないかと思っている。

あとがき

本書は、かもがわ出版より刊行された『だれも書かなかった「部落」』（一九九七年）をベースに、同『「同和」中毒都市』（一九九九年）から二、三のレポートを付け加えて文庫化したものです。文庫化にあたり、最小限の修正を加えました。

本書の土台となる雑誌連載開始から一〇年あまり、単行本になってから数えても、もう八年になります。私は今も京都市で取材を続けています。残念ながら大きな行政機構や運動の前には、私の問題提起などほとんど無力で、全体状況を変えることはできませんでした。同和対策事業を機能不全に陥れたことの責任についてはろくろく省みられることもなく、京都市においても同和行政は終結を迎えました。

二〇〇二年三月の同特法の完全失効を機に、それまで不合理な行政や運動を追及してきたグループの中にも、この問題に対する関心が薄れつつあるようです。しかし、私はこのまま一緒になってうやむやにすます気にはなれません。というより、全国の同和事業と運動がもたらした結末の分析は、これからの人権や人間の安全保障を考える際、重要なことを示唆していると思います。

本書レポートは、おもに地元京都市内で発売される『ねっとわーく京都』という小さな月刊誌において長期間にわたって発表してきたものです。ここ以外の媒体では、とうてい実現し得ないものだったと思います。同誌編集部と発行母体の京都市職労のみなさんに改めて感謝申し上げます。

『だれも書かなかった「部落」』ははじめての単著だったこともあり、私としてもとても愛着のある本です。今回文庫版という形で新たな発表の機会を与えてくださった、講談社生活文化局の早川真さん、彩雲社の小口透さん、そして、かもがわ出版の湯浅俊彦さんに、心よりお礼申し上げます。

二〇〇五年三月

寺園敦史

新書版あとがき

本書は『だれも書かなかった「部落」』（講談社＋α文庫、二〇〇五年）に、その後の行政と解放運動の動きを追った第五章を追加したものである。刊行にあたって、全体を通して加筆・修正を行ない、第三章の前半二本のレポートは『同和利権の真相①』（宝島社文庫、二〇〇三年）の内容を盛り込み書き直した。また、ページ数の関係で旧版より何本かのレポートを割愛している。

ここ数年で、京都市は大きく転換した。転換をなし得た教訓は、全国的にも検討すべきものだと思っている。しかし、おそらく市民の多くは今も京都市の同和行政はむちゃくちゃだ、運動団体はうまい汁を吸っているという印象を持っているかもしれない。事態は変わっても人々のイメージは容易には変わらないものだ。旧版を手に取ってくださった読者の中にも、同様の感想を持っている方もいるだろうと想像すると、著者として少々責任を感じていたので、今回の改訂版刊行の依頼は私にとって願ってもないことだった。企画してくださった宝島社の井野良介さん、橋本あづささんには、たいへんお世話になりました。

二〇一二年一〇月

寺園敦史

寺園敦史
1961年生まれ。関西大学経済学部卒業。『京都民報』（日本共産党系地方紙）記者、かもがわ出版編集者などを経て現在フリーライター。著書に『「同和」中毒都市』（講談社+α文庫）、『同和利権の真相①』（共編著、宝島社文庫）他。

宝島社新書

新・だれも書かなかった「部落」
（しん・だれもかかなかった「ぶらく」）

2012年11月23日　第1刷発行

著　者　寺園敦史
発行人　蓮見清一
発行所　株式会社　宝島社
〒102-8388 東京都千代田区一番町25番地
電話：営業　03(3234)4621
編集　03(3239)0400
http://tkj.jp
振替：00170-1-170829 ㈱宝島社
印刷・製本　中央精版印刷株式会社

ISBN 978-4-8002-0356-4